Éditeur : COBRA
18/22, rue des Poissonniers
92200 Neuilly-sur-Seine
RCS Nanterre 333 761 377

Crédits photographiques
Couverture : photo principale Sanoma/Sucré Salé ; vignette h : Garcia/Sucré Salé ; vignette c : Marielle/Sucré Salé ; vignette b : Food & Drink/Sucré Salé ; rabat h : Valette/Sucré Salé ; rabat hc : Le Fotographe/Sucré Salé ; rabat bc : Asset/Sucré Salé ; rabat b : Chassenet/Sucré Salé.

P. 4, 13 cd, 29 cd : Taillard/Sucré Salé ; p. 5 hg, 73 cd : Asset/Sucré Salé, p. 5 bd, 36 cd, 80, 82, 84 cd : Nicoloso/Sucré Salé ; p. 6, 30, 48, 63 hg : Studio/Sucré Salé ; p. 7, 25 hg, 49, 53 : Amiel/Sucré Salé ; p. 8 : Newedel/StockFood/StudioX ; p. 9 : Hammer/StockFood/StudioX ; p. 10 : Maximilian Stock/Sucré Salé ; p. 11, 18 : Bagros/Sucré Salé ; p. 3 c, 12, 52, 77, 78 : Marielle/Sucré Salé ; p. 3 b, 13 hg, 21, 24 hg, 27, 37 hg, 60, 62 hg, 65, 70, 94 : Food & Drink/Sucré Salé, p. 14 : Hall/Sucré Salé ; p. 15, 69 : Thys/Supperdelux/Sucré Salé ; p. 16, 93 : Winkelmann/StockFodd/StudioX ; p. 17 : Nurra/Sucré Salé ; p. 19, 33 hg, 39, 41, 86 : Roulier/Turiot/Sucré Salé ; p. 20, 36 hg, 87 : Poisson d'Avril/Sucré Salé ; p. 22 : Desgrieux/Sucré Salé ; p. 23 : Viel/Sucré Salé ; p. 24 cd : Valette/Sucré Salé ; p. 25 cd, 29 hg : Sudres/Sucré Salé ; p. 26, 45, 47 hg, 71 : Riou/Sucré Salé ; p. 28 : Sanoma/Sucré Salé ; p. 31, 34 : Lawton/Sucré Salé ; p. 32, 42 : Bischof/StockFood/StudioX ; p. 33 cd, 37 cd, 38 : Le Fotographe/Sucré Salé ; p. 35 : Boulay/Paquin/Sucré Salé ; p. 40, 50, 89 : Veigas/Sucré Salé ; p. 3 h, 43, 54 : Garcia/Sucré Salé ; p. 44, 76, 92 : Foodfolio/Sucré Salé ; p. 46 : Bilic/Sucré Salé ; p. 47 cd : Mallet/Sucré Salé ; p. 51, 67 : Rivière/Sucré Salé ; p. 55 : Bialy/StockFood/StudioX ; p. 56, 79, 88 : Eising/StockFood/StudioX ; p. 57 : Schanz/StockFood/StudioX ; p. 58, 73 hg, 75, 84 hg : Leser/Sucré Salé ; p. 59 : Urban/StockFood/StudioX ; p. 61 : Arras/StockFood/StudioX ; p. 63 cd, 64 : Caste/Sucré Salé ; p. 66 : Radvaner/Sucré Salé ; p. 72 : Sanoma/Sucré Salé ; p. 74 : Rynio/StockFood/StudioX ; p. 81 : Adam/Sucré Salé ; p. 83 : Schardt/StockFood/StudioX ; p. 85 hg : Foodcollection/StockFood/StudioX ; p. 85 cd : Chassenet/Sucré Salé ; p. 90 : Vaillant/Sucré Salé ; p. 91 hg : Leser/StockFood/StudioX ; p. 91 cd : Sirois/Sucré Salé.

Conception graphique, réalisation : MediaSarbacane
Rédaction : Yann Leclerc, Françoise Zimmer

Imprimé par CAYFOSA
Ctra de Caldes, km 3
08130 Sta Perpetua de Mogada
Barcelone (Espagne)

Achevé d'imprimer : février 2011
Dépôt légal : mars 2011
ISBN : 978-2-8152-0243-5

Ma cuisine pratique de saison

mes recettes de Juin

Sommaire du mois de Juin

Entrées

Plats

accompagnements

desserts

Salade grecque au concombre et à la feta

Des plus rafraîchissantes, cette salade multiplie les saveurs et les textures pour davantage de plaisir.

Facile | Pour **4 personnes** | Préparation **20 min**

Ingrédients
- 1 concombre
- 1 oignon rouge
- 150 g de feta
- Les feuilles de ½ bouquet de persil
- Les feuilles de ½ bouquet de coriandre
- 4 tomates confites à l'huile d'olive
- 1 à 2 c. à s. de câpres
- 1 c. à s. de jus de citron
- 1 c. à c. de vinaigre
- 2 c. à s. de yaourt nature brassé
- 2 gousses d'ail écrasées
- 100 g d'olives vertes dénoyautées
- Sel, poivre

1. Pelez le concombre. Coupez-le en deux, épépinez-le à la cuillère, puis recoupez-le en dés. Pelez et émincez l'oignon. Coupez la feta en dés. Lavez et essorez le persil et la coriandre.

2. Égouttez les tomates confites en réservant 1 c. à s. de leur huile de conservation. Égouttez, puis rincez les câpres.

3. Dans un saladier, mélangez le jus de citron avec le vinaigre, le yaourt, du sel et du poivre. Émulsionnez avec l'huile réservée en fouettant, puis incorporez l'ail.

4. Ajoutez le concombre, l'oignon, les trois quarts de la feta et du persil, la coriandre, les tomates ainsi que les olives. Mélangez soigneusement et rectifiez l'assaisonnement si nécessaire. Parsemez du reste de feta et de persil, et servez.

« Le concombre est le plus frais des légumes : choisissez-le bien jeune et ferme, il sera très juteux. »

Fleurs de courgette farcies

Cette spécialité méridionale, unissant courgettes vertes et jaunes, invitera le soleil du Midi à votre table !

Délicat | Pour **4 personnes** | Préparation **35 min** | Cuisson **40-45 min**

Ingrédients

- 8 courgettes vertes en fleur
- 1 courgette jaune
- 3 c. à s. d'huile d'olive
- 1 oignon émincé
- 2 gousses d'ail écrasées
- 2 c. à s. de persil plat ciselé
- 100 g de viande de veau hachée
- 50 g de riz rond
- 20 cl de fond de veau
- Sel, poivre

1. Nettoyez les courgettes en fleur dans un linge humide. Coupez-les en biseau et retirez les pistils. Pelez la courgette jaune et coupez-la en dés.

2. Dans une poêle, faites chauffer 1 c. à s. d'huile à feu moyen. Mettez-y l'oignon, l'ail et les dés de courgette à revenir 5 min, en remuant. Laissez refroidir, puis incorporez le persil, la viande, le riz, du sel et du poivre.

3. Farcissez les fleurs de courgette sans les remplir totalement, pour permettre au riz de gonfler. Rabattez les pétales sur la farce, en repliant leurs extrémités.

4. Disposez les fleurs farcies côte à côte dans une grande sauteuse à fond épais, sans les serrer. Ajoutez les tronçons de courgette verte. Arrosez du reste d'huile et du bouillon, puis ajoutez un peu d'eau, de façon à couvrir tout juste à hauteur. Portez à frémissements. Couvrez à demi et laissez cuire 35 à 40 min à feu doux.

5. Servez aussitôt à l'assiette, en nappant le tout d'un peu du jus de cuisson.

Beignets de fleurs de courgette

Cette délicieuse spécialité provençale se déguste nature ou avec de la sauce tomate, selon votre goût !

Délicat | Pour **6 personnes** | Préparation **20 min** | Cuisson **4 min par fournée**

Ingrédients

- 36 fleurs de courgette
- 150 g de farine tamisée
- 2 œufs, jaunes et blancs séparés
- 1 c. à c. d'huile d'olive
- 25 cl de lait
- Huile de friture
- 6 quartiers de citron
- Sel fin, fleur de sel

1. Retirez les pistils des fleurs de courgette. Dans un saladier, mélangez la farine avec 1 pincée de sel, les jaunes d'œufs et l'huile, en ajoutant peu à peu le lait versé en filet, jusqu'à obtention d'une pâte à beignets bien lisse. Laissez reposer celle-ci 2 h au réfrigérateur.

2. Faites chauffer l'huile de friture à 170 °C. Dans une jatte, fouettez les blancs en neige ferme avec 1 pincée de sel. Incorporez-les délicatement à la pâte à beignets.

3. Trempez les fleurs une à une dans la pâte, puis immergez-les dans l'huile chaude par petites quantités à la fois : elles ne doivent pas se toucher. Laissez-les dorer 4 min, en les retournant à l'aide d'une écumoire à mi-cuisson.

4. Déposez les beignets sur les assiettes tapissées de papier absorbant. Poudrez-les de fleur de sel et servez aussitôt, avec les quartiers de citron.

Œufs cocotte aux écreuisses

L'écreuisse, petit crustacé d'eau douce, possède une saueur très fine extrêmement prisée des gourmets.

Délicat | Pour **4 personnes** | Préparation **25 min** | Cuisson **1 h 15**

Ingrédients

- 10 cl de vinaigre
- 2 carottes coupées en rondelles
- 1 oignon émincé
- 1 bouquet garni
- 10 grains de poivre noir
- 16 écrevisses
- 20 g de beurre ramolli
- 1 botte de ciboulette ciselée
- 4 œufs extrafrais
- 4 c. à s. de bisque de homard
- 4 c. à s. de crème fraîche épaisse
- Sel, poivre du moulin

1. Versez le vinaigre et 2,5 l d'eau dans un faitout. Ajoutez les rondelles de carotte, l'oignon, le bouquet garni et les grains de poivre. Salez et portez le tout à frémissements. Laissez cuire 1 h, puis filtrez.

2. Ajoutez les écrevisses dans le faitout. Laissez-les cuire 8 à 10 min à frémissements. Égouttez-les, puis décortiquez-les, en supprimant le petit boyau noir attaché à leur queue.

3. Préchauffez le four à 170 °C (th. 5/6). Beurrez 4 ramequins. Répartissez-y la moitié de la ciboulette et les écrevisses. Cassez 1 œuf dans chaque ramequin, puis ajoutez-y 1 c. à s. de bisque et autant de crème.

4. Tapissez un plat creux de papier sulfurisé. Placez-y les ramequins et versez autour de l'eau chaude jusqu'à mi-hauteur. Enfournez pour 5 à 6 min : le blanc doit être pris et le jaune encore liquide. Parsemez du reste de ciboulette, salez et poivrez. Servez immédiatement.

L'écreuisse

Ressemblant à un petit homard, avec sa tête imposante encadrée de deux pinces puissantes, l'écrevisse est un joli **crustacé d'eau douce** qui pullulait autrefois dans les rivières françaises. Malheureusement, elle est devenue **rare**, car elle est sensible à la pollution et se voit souvent pêchée avant d'avoir pu procréer : elle n'est sexuellement mature qu'à l'âge de 5 ans. Achetez-la toujours **vivante** : ses pinces doivent se fermer lorsqu'on la touche. Elle est petite, mais très savoureuse. Comptez 10 à 12 écrevisses par personne. Il faut soigneusement éliminer son **intestin** (ou boyau) avant de la cuire, car il a un goût de fiel. Elle se cuisine au court-bouillon ou à la vapeur. C'est un des aliments les plus riches en **sélénium**.

Soupe glacée de tomates cocktail

Pour bien commencer le repas, cette soupe glacée est idéale quand reviennent les beaux jours !

Facile | Pour **4 personnes** | Préparation **10 min** | Cuisson **2 h**

Ingrédients

- 250 g de tomates cocktail
- 60 cl de pur jus de tomate
- 4 c. à s. de jus de citron
- 4 c. à s. d'huile d'olive
- 8 olives noires dénoyautées
- Piment de Cayenne en poudre
- 125 g de billes de mozzarella
- 4 sommités de basilic
- Sel, poivre du moulin

1. Mixez les tomates cocktail avec le jus de tomate, puis passez le tout au travers d'une passoire fine.

2. Rincez le bol du mixeur. Reversez-y le mélange filtré, puis ajoutez le jus de citron, l'huile et du sel. Mixez 1 min, pour homogénéiser. Réservez 2 h au réfrigérateur.

3. Coupez les olives en deux. Rectifiez l'assaisonnement en sel de la soupe glacée. Pimentez-la selon votre goût, puis répartissez-la dans 4 bols avec les olives et la mozzarella.

4. Décorez le contenu des bols des sommités de basilic, poivrez et servez.

La tomate en grappe

Longtemps, la tomate ne fut qu'une petite baie sans couleur et sans intérêt, dont on se méfiait grandement : on la disait toxique. Aujourd'hui, elle s'est imposée dans le monde entier, crue ou cuite, et c'est l'un des légumes de base des gastronomies **méditerranéennes.** Après une période où l'on ne trouvait plus guère de bonnes tomates sur les étals sont apparues, il y a quelques années, des variétés à nouveau **riches en saveurs.** Parmi elles, les tomates en grappe sont les premières vraies bonnes tomates de la saison : **rondes** et rebondies, elles sont présentées sur leur **branche**, en grappes comportant 4 ou 5 éléments. Cette présentation implique une variété dont les fruits mûrissent simultanément, et une grande rigueur dans le conditionnement et le transport, pour ne pas détacher les tomates de leur support. Attention, cependant : ce n'est pas parce que les tomates sont en grappe qu'elles sont nécessairement goûteuses ! Fiez-vous à la **couleur** et à l'**aspect** plutôt qu'à l'odeur, et n'hésitez pas à séparer les tomates pour ne choisir que celles qui vous plaisent !

Conseils pratiques

• ACHAT

Les tomates en grappe sentent toujours bon, et pour cause : c'est la branche qui diffuse ce parfum de tomate fraîche ! Contrairement à ce qu'il en est pour d'autres variétés, la couleur des tomates en grappe est une réelle indication : elles doivent être bien rouges et leur peau bien tendue, sans flétrissures.

• CONSERVATION

Les tomates se conservent à température ambiante, et non au réfrigérateur, où elles perdent leur saveur et deviennent farineuses. Mais, pour une salade d'été, placez-les au réfrigérateur 1 h avant de les préparer, juste pour les rafraîchir.

• PRÉPARATION

Bien mûres, les tomates en grappe n'ont besoin d'autre apprêt que d'être débarrassées de leur branche et de leur pédoncule. Moins mûres, elles gagneront à être ébouillantées 30 s avant d'être pelées, tant pour des salades que pour être ensuite cuisinées.

• CUISSON

De variété ronde (par opposition aux tomates côtelées ou aux tomates allongées), les tomates en grappe ne sont pas les plus adaptées à la cuisson, mais se révèlent parfaites pour des sauces ou des coulis : pelez-les et épépinez-les au préalable, puis faites-les mijoter avec des oignons et de l'ail.

Le + nutrition

La tomate est particulièrement peu calorique, et pour cause : elle contient 94 % d'eau ! Elle est cependant riche en vitamine C, en vitamines du groupe B et en provitamine A. Les tomates les plus mûres sont aussi les plus riches en vitamines.

Pour 100 g
> 18 kcal
> Glucides : 2,8 g
> Vitamine C : 18 mg
> Provitamine A : 0,6 mg

Tartare de tomate au guacamole

Une petite entrée très fraîche aux accents ensoleillés, à servir avec des nachos croustillants.

Facile | Pour **4 personnes** | Préparation **25 min**

Ingrédients

- 500 g de tomates
- 1 gousse d'ail écrasée
- 1 oignon rouge finement émincé
- Les feuilles de 2 branches de coriandre ciselées + quelque feuilles pour décorer
- 2 c. à s. d'huile d'olive
- 2 avocats bien mûrs
- 1 oignon blanc frais finement émincé
- Le jus de ½ citron
- Quelques gouttes de Tabasco vert
- Sel, poivre du moulin

1. Lavez les tomates. Plongez-les 30 s dans l'eau bouillante, puis, aussitôt, dans l'eau glacée. Égouttez-les et épluchez-les. Coupez-les en deux et épépinez-les. Recoupez-les en dés.

2. Dans un saladier, mélangez les dés de tomate avec l'ail, l'oignon rouge, la coriandre ciselée, l'huile, du sel et du poivre. Réservez au réfrigérateur.

3. Pelez et dénoyautez les avocats. Coupez-en la pulpe en morceaux. Réduisez en purée au mixeur avec l'oignon, le jus de citron, le Tabasco et du sel.

4. Remplissez 1 ramequin avec un quart du tartare, en tassant. Retournez sur une assiette. Recommencez trois fois l'opération. Répartissez le guacamole sur le tartare. Poivrez et décorez des feuilles de coriandre. Servez aussitôt.

Tomates farcies sardines-ricotta

Les saveurs mêlées des ingrédients qui garnissent les tomates s'épanouissent délicieusement en bouche.

Facile | Pour **6 personnes** | Préparation **20 min**

Ingrédients

- 3 boîtes de sardines à l'huile d'olive
- Les feuilles de 2 branches de basilic
- 225 g de ricotta
- 1 filet de jus de citron
- 2 c. à s. d'échalotes finement émincées
- 1 c. à c. de piment d'Espelette en poudre
- 6 tomates rondes

1. Égouttez les sardines. Ouvrez-les en deux, puis retirez-en l'arête centrale. Écrasez-les à la fourchette dans une assiette.

2. Rincez, puis séchez les feuilles de basilic dans du papier absorbant. Réservez 6 feuilles pour décorer. Ciselez finement les autres.

3. Dans une jatte, mélangez les sardines avec la ricotta, le jus de citron, les échalotes, le basilic ciselé et le piment.

4. Coupez une calotte aux tomates. Évidez-les délicatement à la cuillère, en veillant à ne pas en percer la peau, et garnissez-les de la préparation précédente. Décorez des feuilles de basilic, puis réservez au frais jusqu'au moment de servir.

Rouleaux d'aubergine au chèvre frais

Un peu délicat à réussir, cet amuse-bouche raffiné est succulent. Lancez-vous : vous ne le regretterez pas !

Délicat | Pour **4 personnes** | Préparation **25 min** | Cuisson **7 min** | Marinade **2 h** | Réfrigération **1 h**

Ingrédients

- 1 c. à c. de graines de carvi
- 2 aubergines
- 1 c. à s. de sucre en poudre
- 10 cl d'huile d'olive
- 2 gousses d'ail finement émincées
- Les sommités et les feuilles de 1 bouquet de basilic
- 4 tomates séchées à l'huile d'olive
- 200 g de fromage de chèvre frais
- Sel, poivre du moulin

1. Dans une poêle antiadhésive, faites dorer les graines de carvi 1 min à sec, à feu moyen, en remuant. Réservez sur du papier absorbant. Allumez le gril du four.

2. Lavez et séchez les aubergines. Coupez-les en tranches de 5 mm d'épaisseur dans la longueur. Disposez-les côte à côte sur une plaque tapissée de papier sulfurisé. Poudrez-les légèrement de sucre des deux côtés, puis passez-les 6 min sous le gril, en les retournant à mi-cuisson. Laissez refroidir.

3. Dans un plat creux, mélangez l'huile, l'ail, le carvi et du poivre, et plongez-y les tranches d'aubergine. Laissez-les mariner 2 h au réfrigérateur. Égouttez-les en réservant leur marinade.

4. Réservez les sommités du basilic et ciselez-en finement les feuilles. Égouttez les tomates séchées, puis coupez-les en petits morceaux. Mélangez-les avec le fromage, le basilic ciselé, du sel et du poivre.

5. Répartissez la préparation au fromage sur les tranches d'aubergine, puis enroulez celles-ci sur elles-mêmes. Déposez les rouleaux à plat sur une plaque, jointure dessous, puis réservez-les 1 h au réfrigérateur, pour les raffermir.

6. Juste avant de servir, décorez les rouleaux des sommités de basilic et arrosez-les d'un peu de la marinade.

Caviar d'aubergine à la libanaise

Nommé *baba ghannouj* au Liban, ce caviar typique est présenté dans la peau des aubergines grillées.

Facile | Pour **4 personnes** | Préparation **25 min** | Cuisson **45 min**

Ingrédients

- 4 aubergines moyennes
- 10 cl de jus de citron
- 4 c. à s. d'huile de sésame
- 4 gousses d'ail écrasées
- ½ c. à c. de sel
- 4 sommités de menthe
- Les grains de 1 petite grenade
- 1 petite tomate épépinée et coupée en dés
- 2 c. à s. d'huile d'olive

1. Allumez le gril du four. Lavez les aubergines. Piquez-les régulièrement à la fourchette, puis déposez-les sur une plaque creuse tapissée de papier d'aluminium. Enfournez-les pour 45 min à 10 cm sous le gril, en les retournant toutes les 15 min. Laissez-les refroidir.

2. Coupez les aubergines en deux dans la longueur. Prélevez-en la pulpe à la cuillère sans percer la peau. Réservez les demi-peaux.

3. Mixez la pulpe quelques secondes avec le jus de citron, l'huile de sésame, l'ail et le sel, jusqu'à obtenir un caviar.

4. Répartissez le caviar dans la moitié des peaux réservées. Décorez des peaux restantes coupées en trois, des sommités de menthe, des grains de grenade et des dés de tomate. Arrosez d'huile d'olive et servez.

Salade de blé aux haricots verts

Encore un peu croquants, les haricots verts sont délicieux dans cette salade richement vitaminée.

Facile | Pour **4 personnes** | Préparation **15 min** | Cuisson **20 min**

Ingrédients
- 120 g de blé précuit
- 1 feuille de laurier
- 200 g de haricots verts
- ½ concombre
- 1 branche de céleri avec 10 de ses feuilles
- 2 oignons blancs frais
- 2 c. à s. de jus de citron
- 1 c. à c. de moutarde
- 6 c. à s. d'huile d'olive
- 4 tomates cocktail coupées en quartiers
- 1 fromage frais à l'ail et aux fines herbes coupé en rondelles
- 4 filets d'anchois à l'huile égouttés
- 4 brins de cerfeuil
- Sel, poivre

1. Faites cuire le blé 10 min à l'eau bouillante salée avec le laurier. Égouttez-le bien et laissez-le refroidir. Jetez le laurier. Effilez les haricots, puis faites-les cuire 10 min à l'eau bouillante salée. Rafraîchissez-les dans l'eau glacée, puis égouttez-les.

2. Pelez le concombre et coupez-le en dés. Effilez la tige du céleri. Émincez-la. Réservez quelques feuilles entières, puis ciselez les autres. Émincez les oignons dans la hauteur.

3. Dans un saladier, mélangez le jus de citron avec la moutarde, du sel et du poivre. Émulsionnez avec l'huile. Ajoutez le blé, les haricots, le concombre, les tomates, les oignons, le céleri émincé et ses feuilles ciselées, et mélangez bien.

4. Répartissez sur les assiettes. Surmontez le tout des rondelles de fromage frais et des filets d'anchois. Décorez des feuilles de céleri entières et du cerfeuil. Servez à température ambiante.

Terrine de lotte aux haricots verts

Des plus facile à réaliser, cette terrine festive réjouit les pupilles avant d'enchanter les papilles.

Facile | Pour **8 personnes** | Préparation **30 min** | Cuisson **50 min** | Réfrigération **30 min**

Ingrédients

- 100 g de haricots verts extrafins
- 4 tomates
- 2 queues de lotte de 400 g chacune
- 3 échalotes grises émincées
- 2 œufs
- 1 bouquet d'aneth ciselé
- 400 g de fromage blanc brassé
- 30 g de beurre ramolli
- 4 c. à s. d'œufs de saumon
- Quelques pousses d'épinards pour décorer
- Sel, poivre du moulin

1. Effilez les haricots. Faites-les blanchir 5 min à l'eau bouillante salée. Rafraîchissez-les dans l'eau glacée et égouttez-les. Lavez les tomates. Plongez-les 30 s dans l'eau bouillante, puis dans l'eau glacée. Épluchez-les. Coupez-les en deux et épépinez-les.

2. Coupez 1 queue de lotte en morceaux. Mixez-les en purée avec les échalotes, les œufs et l'aneth (réservez 1 c. à s. pour décorer). Ajoutez le fromage blanc et du sel. Poivrez généreusement, puis mixez jusqu'à obtention d'une consistance mousseuse.

3. Préchauffez le four à 180 °C (th. 6). Beurrez un moule à cake. Déposez-y un tiers de la mousse. Coupez la seconde queue de lotte en deux dans la longueur. Disposez-la sur la mousse avec les demi-tomates. Recouvrez d'un tiers de mousse. Ajoutez les haricots dans la longueur, puis le reste de mousse.

4. Enfournez pour 45 min au bain-marie. Laissez refroidir. Réservez 30 min au réfrigérateur avant de démouler et de trancher. Servez à l'assiette, en décorant de l'aneth réservé, d'œufs de saumon et de pousses d'épinards.

Tortilla pommes de terre-courgettes

Grignoté entre amis pour l'apéritif, cet amuse-bouche à la mode espagnole aura plus d'un adepte !

Facile | Pour **6 personnes** | Préparation **20 min** | Cuisson **35-40 min**

Ingrédients

- 300 g de pommes de terre à chair ferme
- 300 g de petites courgettes
- 2 oignons
- 3 c. à s. d'huile d'olive
- 8 œufs
- 1 petit piment séché émietté
- Sel, poivre

1. Pelez et émincez les pommes de terre. Lavez les courgettes sans les peler. Séchez-les, puis coupez-les en rondelles fines. Pelez et émincez finement les oignons.

2. Préchauffez le four à 200 °C (th. 6/7). Faites chauffer 2 c. à s. d'huile d'olive dans une sauteuse à feu moyen. Mettez-y les oignons à suer 5 min, en remuant. Incorporez les pommes de terre et les courgettes. Poursuivez la cuisson 10 min, en remuant délicatement de temps en temps pour ne pas briser les rondelles.

3. Huilez au pinceau un moule carré de 22 cm de côté. Répartissez-y le contenu de la poêle, en empilant les rondelles à l'horizontale. Dans une jatte, battez les œufs en omelette avec le piment, du sel et du poivre. Versez sur les légumes.

4. Enfournez pour 20 à 25 min : la tortilla doit être ferme et bien dorée. Laissez-la refroidir avant de la démouler, puis coupez-la en cubes. Servez avec des piques en bois.

« Les pommes de terre à chair ferme (BF15 ou roseval, par exemple) sont parfaites cuites à la vapeur, rissolées ou encore en cocotte. »

Carpaccio de saumon à l'huile d'olive

Le petit plus qui change tout ? Des mini-dés de mangue ajoutés à la marinade du saumon. Un délice !

Facile | Pour **6 personnes** | Préparation **15 min** | Marinade **2 h**

Ingrédients

– 2 citrons verts
– 1 petite mangue bien mûre
– 15 cl d'huile d'olive extravierge
– 2 c. à s. de baies roses grossièrement concassées
– 6 brins d'aneth ciselés
– 600 g de filet de saumon coupé en tranches très fines par le poissonnier
– Poivre blanc du moulin

1. Prélevez le zeste des citrons au zesteur, puis émincez-le finement. Pressez les citrons pour en recueillir le jus.

2. Pelez la mangue. Coupez-la en lamelles fines en tournant autour du noyau. Recoupez-les en dés aussi petits que possible.

3. Dans une jatte, mélangez l'huile d'olive avec les dés de mangue, les baies roses, l'aneth, le jus et le zeste de citron et le poivre blanc.

4. Disposez les tranches de saumon dans un plat creux. Arrosez-les de marinade à la mangue, puis couvrez de film alimentaire. Laissez mariner 2 h au réfrigérateur. Servez à l'assiette.

Légumes grillés confits à l'huile d'olive

Un concentré de saveurs ensoleillées à déguster avec du pain grillé frotté d'ail pour ouvrir l'appétit...

Facile | Pour **4 personnes** | Préparation **25 min** | Cuisson **40-45 min**

Ingrédients

– 2 poivrons rouges
– 1 poivron jaune
– 2 courgettes
– 1 aubergine
– 4 tomates olivettes
– 4 oignons blancs nouveaux
– 25 cl d'huile d'olive extravierge
– 4 brins de thym
– 1 brin de romarin

1. Préchauffez le four à 210 °C (th. 7). Enveloppez individuellement les trois poivrons dans du papier d'aluminium et enfournez-les pour 30 min. Laissez-les refroidir dans l'aluminium avant de les peler, de les épépiner et de les couper en morceaux.

2. Allumez le gril du four. Lavez et séchez les courgettes, l'aubergine et les tomates. Coupez les courgettes et l'aubergine en tranches épaisses, puis recoupez-les en deux. Coupez les tomates en deux dans la longueur. Pelez les oignons et coupez-les en deux dans la hauteur.

3. Répartissez ces légumes sur la plaque du four. Arrosez-les d'un filet d'huile d'olive. Glissez-les pour 10 à 15 min à 10 cm sous le gril, en les retournant de temps en temps : ils doivent griller sans brûler (retirez les tomates après 5 min). Laissez refroidir.

4. Mettez tous les légumes, le thym et le romarin dans un bocal. Couvrez-les d'huile d'olive à hauteur. Laissez-les confire au moins 48 h avant de déguster.

L'huile d'olive

Élément essentiel de la cuisine méditerranéenne et pierre angulaire du fameux **régime crétois**, l'huile d'olive est emblématique des gastronomies italienne, **grecque** ou espagnole. En France, elle est depuis toujours utilisée au sud de la Loire, mais a progressivement conquis tout l'Hexagone depuis une vingtaine d'années, à la faveur des messages nutritionnels vantant sa richesse en acides gras insaturés, **bénéfiques au système cardiovasculaire**. Elle est parfaite tant pour l'**assaisonnement** que pour les cuissons, car elle conserve toutes ses qualités jusqu'à 200 °C. Elle donne cependant du goût aux préparations : on ne peut pas la considérer comme une huile « neutre ». Méfiez-vous des huiles d'olive vendues en vrac sur les marchés de **Provence** : leur origine est rarement contrôlable. De même pour celles, tant de marque que de la grande distribution, qui sont souvent collectées par hectolitres en Espagne ou au Maroc : réservez-les pour la cuisson. Pour les assaisonnements, privilégiez l'une des sept huiles d'olive **AOC**, à la saveur fruitée et aux parfums incomparables.

Conseils pratiques

• ACHAT

Il faut impérativement choisir une huile d'olive « première pression à froid ». Il existe en France 7 huiles d'olive AOC, celles de Nyons, de Nîmes et de Corse étant les plus appréciées : vous pouvez les acheter les yeux fermés.

• CONSERVATION

L'huile d'olive est l'une des huiles qui rancissent le moins rapidement ; conservez-la simplement dans sa bouteille fermée, à l'abri de la lumière. Stockée à basse température, elle peut « précipiter » en petits grains blancs ; cela n'a aucun effet néfaste sur sa qualité. Replacée à température ambiante, elle retrouve rapidement sa fluidité.

• PRÉPARATION

Pour vos vinaigrettes, marinades et carpaccios, préférez les huiles d'olive de qualité, idéalement liées au terroir des ingrédients cuisinés (huile d'olive de Grèce avec des aubergines, etc.). Un filet d'huile d'olive crue ajouté juste avant de servir rehausse délicieusement les saveurs de votre plat.

• CUISSON

Faites chauffer l'huile d'olive dans une poêle ou dans une sauteuse avant d'y jeter les ingrédients, mais veillez à ne jamais la faire fumer : c'est signe qu'elle a dépassé sa température critique et qu'elle a commencé à se dégrader : elle contient dès lors des composés cancérogènes.

Le + nutrition

C'est sa richesse en acides gras insaturés qui fait de l'huile d'olive un allié naturel contre le cholestérol et les maladies cardiaques. Elle reste néanmoins, comme toutes les huiles, composée à 100 % de lipides, et donc excessivement calorique. Il faut la consommer avec modération…

Pour 100 g

> 900 kcal

> Lipides : 100 g
(dont acide gras saturés : 14,5 g)

> Vitamine E : 12 mg

Le camembert

Ne confondez pas camembert et camembert ! Car, si notre emblématique fromage rond, vendu dans sa **boîte en bois**, reste le préféré des Français, sa fabrication a hélas été banalisée, et il ne répond plus toujours, malgré l'emploi de son nom, aux exigences de son cahier des charges. Seuls les fromages marqués « **Camembert de Normandie** » bénéficient d'une **AOC** garantissant l'utilisation de lait cru, indispensable au développement des arômes et à l'obtention d'une pâte à la texture crémeuse et au grain serré. Au meilleur de sa forme après un affinage de 6 à 8 semaines, il présente alors une **croûte duvetée** à la saveur fine et une **pâte coulante** au goût intense qui sont simplement incomparables. Comme pour tous les fromages de sa famille (pâtes molles à croûte fleurie), le lait, après avoir été caillé et égoutté, est longuement malaxé avant d'être moulé, ce qui lui confère ce fondant si particulier. Comme son nom l'indique originaire de la ville de Camembert, il est aujourd'hui fabriqué bien au-delà – jusqu'en Anjou.

Conseils pratiques

• ACHAT

Pour un véritable camembert, guettez les seules mentions « camembert de Normandie » ou « camembert au lait cru ». Mais il n'est pas interdit de préférer les camemberts au lait pasteurisé : leur parfum moins prononcé les autorise à plus d'inventions culinaires…

• CHOIX

On peut tâter un camembert avant de l'acheter, pour évaluer son degré d'affinage. N'hésitez pas à ouvrir la boîte : elle est faite pour cela ! Le camembert se tâte en son centre, il doit être souple mais encore légèrement ferme. Fiez-vous également à la date limite de consommation : plus proche elle est, plus il se montrera coulant.

• CONSERVATION

Un camembert au lait cru se conserve dans son emballage, dans un endroit frais, mais en évitant le réfrigérateur (trop froid, il tue les arômes). Les femmes enceintes et les personnes sensibles doivent éviter d'en consommer, car il peut contenir des germes.

• CUISSON

Le camembert se prête à toutes sortes de préparations chaudes. Il peut par exemple remplacer le reblochon dans une tartiflette. Il est également parfait pour être pané et frit, entier ou en portions. Dans ce cas, choisissez-le plutôt plâtreux, pour laisser à la panure le temps de bien dorer avant qu'il ne coule.

Le + nutrition

Avec un taux de matières grasses de 40 % (toujours calculé sur la matière sèche), le camembert se situe dans la moyenne des fromages pour son apport énergétique. Une portion de 35 g fournit environ un tiers des besoins journaliers en calcium.

Pour 100 g
> 264 kcal
> Protéines : 23 g
> Lipides : 19 g
> Calcium : 570 mg
> Vitamine B12 : 2,8 µg

Croque-camembert aux pommes

Une fois que vous aurez goûté à ce petit en-cas aux saveurs affirmées, vous ne pourrez plus vous en passer !

Facile | Pour **6 personnes** | Préparation **10 min** | Macération **10 min** | Cuisson **6-8 min**

Ingrédients

- 2 petites pommes (de préférence belle fille de Salins)
- 10 cl de calvados
- 1 camembert
- 120 g de beurre
- 12 tranches de pain de mie

1. Lavez les pommes sans les peler. Coupez-les en quatre, épépinez-les et recoupez-les en lamelles fines. Mettez-les dans un plat creux. Arrosez-les de calvados et laissez-les macérer 10 min.

2. Allumez le gril du four. Écroûtez le camembert. Beurrez les tranches de pain de mie. Tartinez-en la moitié avec le fromage.

3. Égouttez les lamelles de pomme. Répartissez-les sur le camembert, en les faisant se chevaucher légèrement. Recouvrez des dernières tranches de pain, côté beurre au contact des pommes.

4. Glissez les croques sous le gril pour 3 à 4 min de chaque côté. Servez immédiatement, très chaud.

Tartelettes au camembert et aux poivrons

Une alliance de goûts a priori surprenante… mais succulente lors de la dégustation de ces tartelettes.

Facile | Pour **4 personnes** | Préparation **20 min** | Cuisson **25 min**

Ingrédients

- 4 carrés de pâte feuilletée préétalée de 12 cm de côté
- 1 poivron rouge
- 1 c. à s. d'huile de tournesol
- 1 camembert
- 150 g de roquette
- Poivre du moulin

1. Préchauffez le four à 210 °C (th. 7). Découpez 1 bande de 1 cm de large sur les côtés des carrés de pâte. Humidifiez les bords des carrés réduits au pinceau. Déposez 1 bande sur chacun d'eux pour les surélever. Disposez ces fonds de pâte sur une plaque tapissée de papier sulfurisé, puis piquez-les à la fourchette.

2. Lavez, séchez et épépinez le poivron. Émincez-le en bâtonnets. Faites chauffer l'huile dans une poêle. Mettez-y le poivron à revenir 5 min, en remuant.

3. Écroûtez le camembert. Coupez-en la moitié en lamelles et le reste en bâtonnets. Répartissez les lamelles de camembert sur les fonds de pâte. Ajoutez les bâtonnets de poivron et les bâtonnets de fromage. Poivrez et enfournez pour 20 min.

4. Lavez et essorez la roquette. Servez à l'assiette, les tartelettes très chaudes étant posées sur un lit de roquette.

Moules farcies au beurre de pastis

C'est le pastis, alcool anisé, qui donne tout son caractère à la farce des moules légèrement pimentée.

Délicat | Pour **4 personnes** | Préparation **15 min** | Cuisson **8-10 min**

Ingrédients

– 20 grosses moules d'Espagne nettoyées
– 2 tomates
– 125 g de beurre ramolli
– 1 bouquet de persil plat ciselé
– 1 c. à c. de piment d'Espelette en poudre
– 2 échalotes finement émincées
– 2 à 3 c. à s. de pastis
– 4 c. à s. de chapelure
– Sel, poivre

1. Préchauffez le four à 210 °C (th. 7). Dans un faitout, faites ouvrir les moules 3 à 5 min à feu vif. Transférez-les dans une passoire placée au-dessus d'une jatte, pour en recueillir le jus. Retirez la partie supérieure de leur coquille, puis disposez-les côte à côte sur la plaque du four.

2. Pelez et épépinez les tomates. Hachez-les finement au couteau. Dans un saladier, mélangez-les en fouettant avec le beurre ramolli, le persil, le piment, les échalotes, le pastis et la chapelure. Salez légèrement et poivrez généreusement.

3. Filtrez le jus des moules. Transvasez-le dans une casserole, puis faites-le réduire des trois quarts à feu moyen. Mélangez-le avec la préparation précédente.

4. Répartissez le beurre de pastis sur les moules. Enfournez pour 5 min et servez très chaud.

La moule

Ce petit coquillage anodin, s'accrochant naturellement aux récifs côtiers du monde entier, est aujourd'hui produit en masse, notamment grâce à la technique des « **bouchots** » : des pieux en chêne, de 4 à 6 m de hauteur, sont ensemencés de jeunes moules et enfouis dans des zones spécialement choisies pour la qualité de leur eau et le sens des courants (apportant oxygène et nutriments). Les moules ainsi produites sont petites, mais très charnues ; elles sont parfaites préparées à la **marinière** ou suivant l'une des innombrables recettes dérivées. Les moules doivent se cuisiner vivantes, c'est un impératif pour minimiser les risques de contamination bactérienne : **triez-les** donc soigneusement avant cuisson. Après cuisson, éliminez également les moules qui ne se sont pas ouvertes. Une fois ouvertes dans un **faitout sur feu vif**, vous pouvez les laisser refroidir et les utiliser de très nombreuses manières : en salade, en quiche, en **coquille gratinée** avec de la béchamel, mélangées à des pâtes ou du riz… Filtrez soigneusement le **fumet de cuisson** et gardez-le pour rehausser la saveur d'une soupe de poisson.

Conseils pratiques

• ACHAT

À l'exception des marchés spécifiques (criées du petit jour), fuyez les moules vendues en vrac, surtout en extérieur : elles ont été exposées à la chaleur, et vous aurez un pourcentage de pertes important.

• CHOIX

Pour des moules marinière (ou « poulette », à la crème, au curry…), choisissez des belles moules de bouchot bien dodues, elles seront parfaites. Pour des moules gratinées, préférez les variétés plus grosses (souvent dites « d'Espagne ») : leur chair résiste beaucoup mieux à ce type de cuisson, et leur coquille plus large contient davantage de farce.

• PRÉPARATION

Même les moules étiquetées « prêtes à cuire » doivent être rincées abondamment à l'eau froide et triées : éliminez alors impitoyablement celles qui sont cassés ou qui ne se referment pas d'elles-mêmes quand on les manipule. Si nécessaire, éliminez les algues et autres impuretés, et ébarbez-les.

• CUISSON

Il faut toujours faire ouvrir les moules dans un faitout ou dans une cocotte à sec, à feu vif. Dès qu'elles commencent à s'ouvrir, on peut ajouter un verre de vin blanc sec, voire une fondue d'oignons. Couvrez et laissez cuire quelques minutes à peine, pour conserver la texture.

Le + nutrition

La moule est un aliment maigre, à condition de ne pas la noyer sous la crème ou la sauce Béchamel… et d'éviter les frites en accompagnement ! Elle est particulièrement riche en protéines et en vitamines du groupe B, mais aussi en fer ou en cuivre.

Pour 100 g
> 95 kcal
> Protéines : 18 g
> Lipides : 2 g
> Fer : 3 mg
> Cuivre : 0,09 mg

Moules à la crème et au safran

Délicieusement relevées de safran, ces moules se dégustent sans couverts : pensez aux rince-doigts !

Facile | Pour **4 personnes** | Préparation **25 min** | Cuisson **10 min**

Ingrédients

- 1,5 kg de moules
- 20 g de beurre
- 2 gousses d'ail émincées
- 3 échalotes émincées
- 20 cl de vin blanc sec
- 1 bouquet garni
- 1 c. à c. de pistils de safran
- 1 pincée de piment de Cayenne en poudre
- 4 c. à s. de crème fraîche épaisse
- Sel

1. Nettoyez soigneusement les moules : grattez-les sous l'eau courante et éliminez systématiquement celles qui restent ouvertes.

2. Dans un faitout, faites chauffer le beurre à feu moyen. Mettez-y l'ail et les échalotes à suer 3 min, en remuant. Ajoutez le vin blanc et le bouquet garni. Portez à frémissements.

3. Augmentez le feu, ajoutez les moules et couvrez. Laissez les moules s'ouvrir 5 min environ à feu vif, en secouant fréquemment le faitout. Transférez-les à l'écumoire dans un saladier, en éliminant celles qui restent fermées.

4. Filtrez le liquide de cuisson. Ajoutez-y le safran et le piment. Portez le tout à frémissements et faites réduire de moitié. Incorporez la crème et rectifiez l'assaisonnement si nécessaire. Versez aussitôt sur les moules. Répartissez dans des cassolettes et servez immédiatement, très chaud.

Spaghetti à l'encre et aux moules

La saveur iodée des spaghetti colorés à l'encre de seiche s'allie à merveille avec celle des moules.

Facile | Pour **4 personnes** | Préparation **25 min** | Cuisson **25 min**

Ingrédients

- 400 g de moules nettoyées
- 400 g de poches de calmars nettoyées
- 1 c. à s. d'huile d'olive
- 2 gousses d'ail écrasées
- 2 échalotes émincées
- 15 cl de vin blanc sec
- 1 c. à c. de pistils de safran
- 4 c. à s. de crème fraîche épaisse
- 300 g de spaghetti à l'encre de seiche
- 2 c. à s. de ciboulette ciselée
- Sel, poivre

1. Dans une casserole, faites ouvrir les moules 5 à 6 min à feu vif et à couvert, en secouant souvent le récipient. Égouttez-les bien, en filtrant le liquide de cuisson. Retirez-les de leurs coquilles.

2. Coupez les poches de calmars en anneaux. Faites chauffer l'huile dans une sauteuse à feu doux. Mettez-y l'ail et les échalotes à suer 5 min, en remuant. Ajoutez les anneaux. Laissez cuire 10 min, en remuant souvent.

3. Augmentez le feu et ajoutez le vin, les moules, le liquide filtré et le safran. Poivrez. Portez le tout à frémissements à feu moyen. Laissez réduire 5 min, puis incorporez la crème.

4. Pendant ce temps, faites cuire les pâtes à l'eau bouillante salée selon les indications portées sur l'emballage : elles doivent être *al dente*. Égouttez-les et ajoutez-les dans la sauteuse. Mélangez et rectifiez l'assaisonnement. Parsemez de ciboulette et servez.

Truites marinées

Une succulente recette où les épices et les aromates d'une marinade relevée parfument les truites crues.

Facile | Pour **2 personnes** | Préparation **20 min** | Cuisson **2 min** | Marinade **12 h**

Ingrédients

- 1 oignon rouge
- 4 échalotes grises
- 2 truites
- 1 branche de romarin
- 2 brins de thym
- 1 citron non traité coupé en rondelles
- 2 pincées de piment de Cayenne en poudre
- 1 c. à c. de graines de cumin
- 1 c. à c. de graines de coriandre
- 1 c. à c. de poivre mignonnette
- 15 cl de vinaigre d'alcool
- 40 cl de vin blanc sec
- 2 c. à s. de feuilles d'origan frais
- Fleur de sel

1. Pelez l'oignon. Coupez-le en lamelles, puis séparez celles-ci en anneaux. Pelez les échalotes. Hachez-les. Videz et écaillez les truites. Lavez-les, puis épongez-les dans du papier absorbant.

2. Mettez le romarin, le thym et le citron dans un plat creux. Déposez-y les truites. Poudrez-les de piment de Cayenne et de fleur de sel.

3. Dans une casserole antiadhésive, faites griller le cumin et la coriandre à sec 2 min à feu moyen, en remuant. Ajoutez le poivre, le vinaigre, le vin, 10 cl d'eau, la moitié de l'origan, l'oignon et les échalotes.

4. Portez cette marinade à ébullition et laissez-la réduire 10 min. Versez-la bouillante sur les truites. Laissez refroidir, puis réservez 12 h au réfrigérateur avant de servir, parsemé du reste d'origan.

La truite

Poisson de rivière de la famille des **salmonidés**, la truite présente l'une des chairs les plus fines qui soient, particulièrement savoureuse quand on cuisine le poisson entier, mais aussi en filets. Elle apprécie les **eaux vives** (torrents de montagne…), mais elle est aujourd'hui produite en pisciculture, avec des méthodes industrialisées. Sa recette la plus fameuse, celle de la truite **au bleu**, n'est possible qu'avec un poisson tout juste pêché, car il doit encore être enveloppé de son mucus, lequel disparaît au bout de quelques heures à peine. Elle est délicieuse légèrement farinée, puis grillée et servie entière, nappée de beurre fondu et parsemée d'**amandes effilées** grillées à sec. On peut également la préparer en matelote, avec du vin ou du cidre. La **truite fumée** est, à tort, moins réputée que le saumon fumé : elle est pourtant tout aussi fine, et souvent moins grasse. Sa saveur est enfin moins marquée, ce qui permet par exemple de l'intégrer à des salades composées à base de jeunes pousses à la saveur douce (pourpier, pousses d'épinards…).

Conseils pratiques

• ACHAT

Si vous avez la chance de trouver des petites truites fario, n'hésitez pas : elles sont devenues rares, et leur chair est plus fine que celle de la truite arc-en-ciel. Choisissez-les bien raides, avec la peau brillante et l'œil vif. La truite de mer, qui peut peser plus de 2 kg, se prépare comme le saumon.

• CONSERVATION

Conservez les truites dans leur emballage, dans le bas du réfrigérateur, 2 jours au maximum. Elle ne doivent dégager aucune autre odeur que celle de la mer ou de l'iode.

• PRÉPARATION

Le truites ne s'écaillent pas, demandez simplement à votre poissonnier de les vider, ou faites-le vous-même : il suffit d'entailler le ventre des ouïes jusqu'à la queue et d'en retirer l'intérieur. Plus raffiné, videz-les par le dos, en supprimant au passage la colonne et les arêtes : vous pourrez ainsi les farcir avant de les cuire au four.

• CUISSON

La truite se prête à toutes les cuissons : grillée, pochée, cuite à la vapeur, au four… La cuisson en papillote préserve tout le moelleux de sa chair.

Le + nutrition

Bien qu'étant de la famille du saumon, la truite est un poisson moins gras, qui se révèle aussi une exceptionnelle source de protéines. Elle a toute sa place dans un régime amaigrissant… pourvu qu'on l'éloigne du beurre et des amandes.

Pour 100 g
> 114 kcal
> Protéines : 20 g
> Lipides : 3,5 g
(dont acides gras saturés : 0,8 g)
> Potassium : 350 mg

Thon blanc sauce tomate

Cette recette toute simple n'en est pas moins délicieuse, surtout si vous l'accompagnez de pâtes fraîches.

Facile | Pour **4 personnes** | Préparation **20 min** | Cuisson **50 min**

Ingrédients

- 2 c. à s. d'huile d'olive
- 1 gros oignon jaune émincé
- 2 gousses d'ail émincées
- 1 carotte coupée en rondelles
- ½ c. à c. de sucre en poudre
- 1 kg de tomates coupées en dés
- 1 bouquet garni
- 800 g de thon blanc coupé en 4 morceaux
- 8 brins de ciboulette
- 4 feuilles de laurier
- Sel, poivre

1. Faites chauffer l'huile dans une sauteuse à feu moyen. Mettez-y l'oignon, l'ail et les rondelles de carotte à suer 5 min, en remuant.

2. Ajoutez le sucre, du sel, du poivre, les dés de tomate et le bouquet garni. Laissez cuire 30 min, en remuant de temps en temps. Retirez le bouquet garni, puis passez au moulin à légumes (grille fine) placé sur une grande casserole.

3. Mettez les morceaux de thon dans la casserole et portez à frémissements. Laissez cuire 15 min, en retournant de temps en temps.

4. Servez les morceaux de thon nappés de sauce tomate et décorés des brins de ciboulette et des feuilles de laurier.

Thon rouge, poivrons et polenta grillés

Rapidement grillés, les pavés de thon restent rouges au centre, pour encore plus de moelleux.

Facile | Pour **4 personnes** | Préparation **10 min** | Marinade **2 h** | Cuisson **1 h 10**

Ingrédients

– 4 pavés de thon rouge (200 g chacun)
– Le jus de 2 citrons
– 3 c. à s. d'huile d'olive
– 1 poivron rouge
– 250 g de farine de maïs pour polenta
– 60 g de beurre
– 60 g de parmesan râpé
– 4 brins de thym
– Quelques airelles au vinaigre (facultatif)
– Sel, poivre du moulin

1. Déposez les pavés de thon dans un plat creux. Salez-les, puis arrosez-les du jus de citron et de l'huile. Laissez-les mariner 2 h, en les retournant de temps en temps.

2. Préchauffez le four à 210 °C (th. 7). Enveloppez le poivron dans du papier d'aluminium. Enfournez-le pour 30 min. Laissez-le refroidir dans l'aluminium, puis pelez-le, épépinez-le et coupez-le en lanières.

3. Portez 1 l d'eau salée à ébullition. Versez-y la farine en pluie. Remuez 25 à 30 min, jusqu'à obtention d'une bouillie. Incorporez le beurre et le parmesan. Versez la polenta sur une plaque antiadhésive, sur 1 cm d'épaisseur. Laissez-la refroidir, puis découpez-la en losanges.

4. Faites chauffer un gril à feu vif. Mettez-y les pavés égouttés à griller 2 à 3 min de chaque côté, les losanges de polenta 1 min de chaque côté et les lamelles de poivron 30 s. Disposez le tout sur un plat et poivrez. Décorez du thym et éventuellement des airelles. Servez aussitôt.

Le thon rouge

On parle de « thon rouge » en désignant plusieurs espèces de thon frais vendues par les poissonniers, par opposition au **thon blanc** (thon germon ou albacore), généralement destiné aux conserves. Toutes les espèces de thon rouge sont aujourd'hui considérées en **surpêche**, même si seules deux d'entre elles semblent réellement menacées de disparition. Le thon rouge est particulièrement apprécié des Japonais, qui le préparent en **sushis** ou en sashimis, mais également des pays méditerranéens (Portugal, Pays basque…), où il est **grillé** ou **braisé** comme une **viande rouge**. Ayant à la fois un rôle de prédateur et une longévité remarquable (plus de 40 ans), le thon rouge accumule dans ses chairs nombre de composés polluants, notamment du **mercure**, qui se retrouvent au final dans l'assiette du consommateur : on peut conseiller d'en éviter la consommation régulière. Bien qu'il parcoure des dizaines de milliers de kilomètres pendant son existence, c'est un poisson **gras**, mais sa graisse est inégalement répartie dans les chairs. C'est également un aliment hautement **protéinique** – davantage que la plupart des viandes.

Conseils pratiques

• ACHAT

Vous trouverez le thon rouge principalement en filets ou en darnes, plus ou moins épaisses. Les filets se cuisent rapidement, pour éviter de les dessécher, et ils peuvent être coupés en dés, pour des daubes. Les darnes minces se font plutôt griller, éventuellement au barbecue.

• CHOIX

Choisissez vos morceaux de thon avec une chair luisante, et même sanguinolente, témoignant de sa fraîcheur. Idéalement, faites couper vos darnes devant vous, dans un animal à l'œil encore vif. Il peut avoir été surgelé, mais l'étiquette doit le signaler.

• CUISSON

Le thon rouge se cuit comme une viande rouge, sur à peu près la même durée, pour un résultat plus ou moins saignant. Hormis pour les darnes, qui se grillent à feu vif si elles ne sont pas trop épaisses, il faut commencer la cuisson à feu doux, pour ne pas emprisonner la graisse. Une fois cuite, la chair n'adhère plus à l'arête centrale.

• ACCORDS

La saveur grasse et à la fois sèche du thon est agréable mijotée avec des tomates, des poivrons ou des olives – ou les trois combinés. Les ingrédients acidulés le relèvent joliment : câpres, cornichons, citron…

Le + nutrition

Malgré son taux de lipides, le thon rouge contient 25 fois moins de cholestérol que le jaune d'œuf ! Très protéiné, il est également riche en fer et en cuivre – notamment. Mais il accumule notoirement les métaux lourds.

Pour 100 g
- > 160 kcal
- > Protéines : 29 g
- > Lipides : 5 g
- > Cholestérol : 48 mg
- > Fer : 1,2 mg
- > Cuivre : 0,1 mg

Le homard

Ce gros crustacé, aux deux **grosses pinces** riches en chair, est aujourd'hui l'un des mets les plus recherchés des gourmets, et il est servi aux meilleures tables du monde. C'est pourtant une prise somme toute commune lors des **pêches à pied**, à condition de bien connaître les lieux et les rochers… et de n'avoir pas peur de se mouiller ! Il est pourtant victime de surpêche, et de moins en moins courant… On le sert pour les **fêtes**, mais c'est bien entre mai et octobre qu'il est le meilleur et le plus dodu. Il s'achète toujours vivant, ou alors déjà cuit. **Vivant**, on lui aura généralement fortement ligoté les pinces, pour éviter qu'il ne s'attaque à ses congénères… Il est alors brun, bleuté ou même tirant sur le violet, mais jamais rouge : il ne devient **cardinal** qu'une fois cuit. Les meilleurs homards sont sans doute ceux de **Bretagne**, sans être les plus coûteux : en été, vous y trouverez sur les marchés des spécimens vivants de plus de 1 kg, pour une vingtaine d'euros. Évitez les homards américains, vendus surgelés et déjà cuits : leur chair est fade et peu savoureuse.

Conseils pratiques

• ACHAT

La taille des antennes est une indication instructive : elles doivent être au moins aussi grandes que le homard. Si elles sont petites, c'est signe qu'il sera resté trop longtemps dans son vivier.

• CONSERVATION

Il ne faut pas cuire le homard à l'avance, mais on peut très bien le garder… vivant, plusieurs jours si besoin, avant de le cuisiner. Demandez alors à votre poissonnier de ligoter la bête solidement avec de gros élastiques, puis, une fois chez vous, enveloppez-la dans un linge humide et réservez-la dans le bas du réfrigérateur jusqu'au moment de la faire cuire.

• CUISSON

N'en déplaise aux âmes sensibles, le homard se cuit… vivant. Jetez-le dans un faitout d'eau salée ou de court-bouillon frémissant – environ 18 min pour un homard de 1,2 kg. Vous pouvez aussi le cuire à la vapeur, la même durée. Enfin, vous pouvez le faire griller…

• PRÉPARATION

… mais, là, il faut le découper vivant ! Placez le homard à plat sur un plan de travail, positionnez la pointe d'un gros couteau à lame large à la jointure de la tête, et sectionnez le corps en deux jusqu'à la queue. Badigeonnez les deux parties de beurre fondu et faites-les cuire 10 à 12 min à four chaud.

Le + nutrition

La chair du homard est très maigre (à peine 1 % de lipides) et riche en protéines. C'est un aliment peu calorique, bien doté en magnésium, en calcium et en oligoéléments (cuivre, iode, zinc…). Contenant aussi beaucoup de sodium, il est à proscrire des régimes sans sel.

Pour 100 g
- > 92 kcal
- > Protéines : 19 g
- > Lipides : 1,2 g
- > Magnésium : 38 mg
- > Calcium : 58 mg

Homard grillé au citron et au beurre d'herbes

Une recette somme toute très simple, à condition d'oser découper le homard vivant... Une saveur exceptionnelle !

Délicat | Pour **4 personnes** | Préparation **20 min** | Réfrigération **2 h** | Cuisson **10 min**

Ingrédients

- 120 g de beurre ramolli
- 2 c. à s. de persil plat ciselé
- 2 c. à s. de ciboulette ciselée
- Le jus de 1 citron
- 2 homards de 800 g environ
- 2 c. à s. d'huile de pépins de raisin
- Sel, poivre

1. Dans une jatte, travaillez le beurre ramolli en pommade. Incorporez les herbes ciselées et environ la moitié du jus de citron. Salez et poivrez, puis placez sur un film alimentaire et roulez en pâton. Placez 2 h au réfrigérateur.

2. Déposez les homards sur un plan de travail, ventre vers le bas. Coupez-les en deux avec un couteau pointu à lame large, de la tête jusqu'à la queue. (Si vous le souhaitez, vous pouvez les ébouillanter 1 min, avant de les découper.)

3. Supprimez le contenu du coffre (la tête) de chaque homard, récupérez le corail et le foie (verdâtre). Séparez les pinces du corps, cassez-les avec un casse-noix (elles seront beaucoup plus dures une fois l'animal cuit).

4. Préchauffez le four à 220 °C (th. 7/8). Huilez un gril et faites-le chauffer à feu vif. Huilez au pinceau l'intérieur des homards.

5. Dès que le gril est bien chaud, déposez-y les homards et faites-les griller 5 min, face coupée dessous. Faites-y également griller les pinces, en les retournant à mi-cuisson.

6. Déposez les demi-homards dans un grand plat à four, face coupée dessus. Arrosez-les du reste de jus de citron, puis parsemez-les du beurre d'herbes solidifié, coupé en médaillons. Ajoutez les pinces à côté.

7. Enfournez pour environ 5 min : le beurre d'herbes doit être complètement fondu, et la chair doit être légèrement contractée, se détachant de la carapace. Servez dès la sortie du four.

« Le homard, dont la chair est particulièrement maigre, ne devient rouge qu'une fois cuit. »

Pigeons braisés aux petits pois

Il est important d'utiliser ici une cocotte, afin d'éviter que les délicats pigeons ne se dessèchent.

Facile | Pour **4 personnes** | Préparation **25 min** | Cuisson **50 min**

Ingrédients

- 4 beaux pigeons ramiers prêts à cuire
- 1 c. à s. d'huile de tournesol
- 1 oignon haché
- 250 g de lardons fumés
- 600 g de petits pois écossés
- Quelques brins de sarriette ou de thym
- 2 c. à s. d'airelles au sirop égouttées
- Sel, poivre

1. Salez et poivrez les pigeons de toutes parts. Faites chauffer l'huile dans une cocotte et mettez-y les pigeons à dorer 7 à 8 min de tous côtés, à feu assez vif, puis réservez-les.

2. Ajoutez l'oignon et les lardons dans la cocotte, baissez à feu moyen et laissez suer 5 min, en mélangeant régulièrement. Ajoutez les petits pois, arrosez de 30 cl d'eau et portez à frémissements.

3. Ajoutez 3 ou 4 brins de sarriette ou de thym. Remettez les pigeons en cocotte, en les enfonçant dans les petits pois. Couvrez et laissez mijoter 35 min.

4. Vérifiez la cuisson des pigeons : la chair doit être encore légèrement rosée, et les cuisses ne doivent pas se détacher d'elles-mêmes du corps. Au besoin, prolongez la cuisson quelques minutes.

5. Ajoutez les airelles et laissez cuire encore 5 min à feu doux, à découvert s'il reste du liquide de cuisson.

6. Rectifiez l'assaisonnement si nécessaire, puis répartissez dans les assiettes. Décorez de brins de sarriette ou de thym.

« Le pigeon "Clamart" se prépare avec des petits pois, de la laitue et des oignons. »

Côtes de porc rôties au romarin

L'ail et le romarin laissent infuser leurs parfums jusqu'au cœur des côtes de porc charnues.

Facile | Pour **4 personnes** | Préparation **10 min** | Cuisson **20 min**

Ingrédients

– 3 gousses d'ail
– 2 c. à s. d'huile d'olive
– 2 branches de romarin
– 4 belles côtes de porc dans l'échine
– Sel, poivre

1. Préchauffez le four à 210 °C (th. 7). Pelez et hachez les gousses d'ail. Mélangez-les avec l'huile d'olive et la moitié du romarin finement ciselé.

2. Salez et poivrez le porc, puis badigeonnez-le de la préparation au romarin. Enfournez pour 20 min, en retournant à mi-cuisson.

3. Couvrez de papier d'aluminium, puis laissez reposer 10 min dans le four éteint.

4. Parsemez du reste de romarin grossièrement ciselé et servez immédiatement, avec des pommes de terre grenailles.

Travers de porc laqués au sirop d'érable

Plutôt qu'au four, faites cuire vos travers et les légumes au barbecue, au-dessus de braises bien chaudes.

Facile | Pour **4 personnes** | Préparation **25 min** | Macération **1 h** | Cuisson **35 min**

Ingrédients

- 1,2 kg de travers de porc
- 6 c. à s. de sirop d'érable
- 1 c. à s. de ketchup
- 1 c. à s. d'huile de tournesol
- 1 c. à s. de jus de citron vert
- 1 c. à c. de paprika en poudre
- 1 pincée de cumin en poudre
- 8 pommes de terre à chair ferme moyennes coupées en deux
- 1 barquette de mini-épis de maïs
- Sel, poivre

1. Incisez les travers de porc entre chaque os, sans complètement les séparer. Déposez-les sur une plaque creuse.

2. Dans un bol, mélangez le sirop d'érable, le ketchup, l'huile de tournesol, le jus de citron, le paprika et le cumin. Salez et poivrez. Nappez les travers des trois quarts de cette préparation, en les retournant plusieurs fois pour bien les en enrober. Laissez macérer au moins 1 h.

3. Préchauffez le four à 220 °C (th. 7/8). Disposez les pommes de terre autour des travers et enfournez pour 20 min, en retournant plusieurs fois au cours de la cuisson.

4. Ajoutez les épis de maïs et nappez les travers du reste de préparation au sirop d'érable. Prolongez la cuisson 15 min.

Travers de porc aux abricots rôtis

Le miel d'oranger vous offre des travers agréablement dorés, presque confits, à déguster... avec les doigts !

Facile | Pour **4 personnes** | Préparation **15 min** | Macération **3 h** | Cuisson **35 min**

Ingrédients

- 1,2 kg de travers de porc
- 5 c. à s. de miel d'oranger
- 1 c. à c. de cannelle en poudre
- ½ c. à c. de cumin en poudre
- ½ c. à c. de coriandre en poudre
- 2 c. à s. d'huile d'olive
- 3 c. à s. de jus d'abricot
- 6 abricots pas trop mûrs
- Sel, poivre du moulin

1. Incisez les travers de porc entre chaque os, sans complètement les séparer. Déposez-les sur une plaque creuse.

2. Dans un bol, mélangez 4 c. à s. de miel avec la cannelle, le cumin, la coriandre, du sel et du poivre. Délayez avec l'huile d'olive, puis le jus d'abricot.

3. Versez cette préparation sur les travers, en les retournant plusieurs fois pour bien les en enrober. Laissez macérer 3 h, en les retournant de temps en temps.

4. Préchauffez le four à 220 °C (th. 7/8). Enfournez pour 25 min, en retournant les travers plusieurs fois au cours de la cuisson.

5. Coupez les abricots en deux et dénoyautez-les. Sortez le plat du four (laissez celui-ci allumé), disposez les oreillons d'abricot autour des travers et nappez ceux-ci du reste de miel.

6. Retournez les travers une dernière fois et enfournez de nouveau le tout pour 10 min. Laissez légèrement tiédir avant de servir, généreusement poivré.

Les travers de porc

Morceau supérieur de la **poitrine de porc**, les travers sont constitués de couches alternées de viande, de **graisse** et d'os, ce triptyque garantissant une chair particulièrement savoureuse après cuisson. On les fait de préférence griller, à four très chaud ou sur un barbecue aux braises rougeoyantes. On peut les faire **mariner** dans un mélange souvent relevé d'épices ou d'ingrédients très aromatiques (sauce soja, jus de citron, vinaigre...), auxquels on ajoute généralement un élément sucré (miel, mélasse) pour **caraméliser** la viande. C'est pourquoi il est important de retourner très régulièrement les travers pendant la cuisson, pour ne pas laisser la marinade brûler, ce qui leur donnerait un goût amer. C'est une viande très **riche en lipides**, donc à consommer avec modération.

Osso buco à la milanaise et gremolata

La gremolata, mélange de zeste d'orange, d'ail et de persil, est le complément idéal de l'osso buco.

Facile | Pour **4 personnes** | Préparation **20 min** | Cuisson **1 h 10 min**

Ingrédients

- 1,2 kg de jarret de veau coupé en tranches de 4 cm d'épaisseur
- Farine
- 3 c. à s. d'huile d'olive
- 2 oignons émincés
- 15 cl de vin blanc sec
- 1 bouquet garni
- 800 g de tomates pelées, épépinées et concassées
- Le zeste émincé de 1 orange non traitée
- 1 gousse d'ail finement hachée
- 2 c. à s. de persil plat ciselé
- Sel, poivre

1. Salez et poivrez les tranches de veau, puis farinez-les. Faites-les revenir à feu assez vif dans une cocotte avec l'huile d'olive, jusqu'à ce qu'elles soient bien dorées des deux côtés.

2. Retirez la viande, baissez à feu doux, ajoutez l'oignon et laissez suer 3 min. Arrosez avec le vin blanc, ajoutez le bouquet garni et les tomates, puis laissez frémir 5 min.

3. Préchauffez le four à 180 °C (th. 6). Remettez la viande en cocotte et enfournez pour 1 h à couvert.

4. Mélangez le zeste d'orange, l'ail et le persil plat, pour préparer une gremolata. Saupoudrez-en l'osso buco juste avant de servir, avec un risotto.

Le veau

C'est l'une des viandes les plus réputées, non sans raisons. Le veau peut être abattu à l'âge de quelques semaines, alors qu'il fait au moins 80 kg. C'est le cas des jeunes « **veaux sous la mère** », exclusivement nourris de lait (ils sont muselés pour les empêcher de manger de la paille). Leur chair très **blanche**, dense, présente une saveur en bouche exceptionnelle. Sitôt que le veau a commencé à se nourrir de végétaux (à partir de 9 mois, il est d'ailleurs appelé « broutard »), sa chair commence à **rosir** et gagne en goût ce qu'elle perd en fondant. C'est le fer contenu dans les végétaux qui est peu à peu assimilé par les muscles, transformant la viande blanche en viande rouge. On peut l'appeler « veau » jusqu'à 1 an, mais le meilleur âge se situe autour de 4 mois, alors que la viande commence juste à se **persiller**. Le veau ne fournit que d'excellents morceaux, pour des plats traditionnels qui ont fait la réputation de la cuisine française : blanquette, jarret en bouillon, veau marengo… Quant au **foie de veau**, c'est le plus réputé des abats.

Conseils pratiques

• ACHAT

Non, le veau n'est pas une viande blanche ! Il est absolument normal que la viande de veau soit rosée, et même rougeâtre. Si elle est d'un blanc nacré, méfiez-vous : l'animal a sans doute été nourri au lait écrémé en poudre… Il risque dans ce cas de perdre un bon tiers de son poids en eau au cours de la cuisson.

• CHOIX

Scrutez les étiquettes pour éviter les veaux de batterie et privilégier les labels. Ne fuyez pas les viandes de veau « persillées » : des lamelles de graisse bien blanches intercalées entre les chairs sont signe de qualité.

• LABELS

Fiez-vous à l'un des labels existants : il existe deux « Label Rouge », dont l'un dédié au veau sous la mère, mais aussi un label « Veau de lait fermier » ou une Indication d'origine protégée « Veau du Limousin ». Ils garantissent notamment que les veaux ont été nourris au lait entier.

• CUISSON

La viande de veau peut se faire braiser (épaule, collier), poêler (escalopes), rôtir (noix pâtissière, grenadin), pocher (jarret)… Les côtes se font griller, mais à chaleur plus modérée que la viande de bœuf et sans brusquer la cuisson, pour ne pas raffermir les chairs.

Le + nutrition

La viande de veau est aussi riche en protéines que celle du bœuf, mais beaucoup moins grasse, certains morceaux étant cependant nettement plus gras que d'autres. Elle est riche en phosphore et en vitamines du groupe B.

Pour 100 g
> 230 kcal
> Protéines : 29
> Lipides : 10 g
(dont acides gras saturés : 3,8 g)
> Phosphore : 245 mg
> Vitamine B12 : 1,3 µg

Mini-cocottes de veau à la provençale

En version individuelle, c'est tellement plus tentant ! Le veau est tendre et savoureux, comme on aime.

Facile | Pour **4 personnes** | Préparation **25 min** | Cuisson **1 h 15**

Ingrédients

– 900 g d'épaule de veau coupée en cubes
– 30 g de beurre
– 1 c. à s. d'huile de tournesol
– 1 oignon haché
– 3 gousses d'ail écrasées
– 4 tomates pelées, épépinées et coupées en dés
– 15 cl de vin blanc sec
– 16 olives vertes
– 16 olives noires
– 1 bouquet de thym frais
– Sel, poivre

1. Salez et poivrez les morceaux de veau, puis faites-les dorer de tous côtés avec le beurre et l'huile dans une casserole à feu moyen.

2. Préchauffez le four à 180 °C (th. 6). Ajoutez l'oignon et l'ail, et faites suer environ 10 min, en mélangeant régulièrement. Coupez le feu.

3. Répartissez le contenu de la casserole dans 4 cocottes individuelles. Ajoutez dans chacune quelques dés de tomate, un quart du vin blanc sec, 4 olives vertes, 4 olives noires et 2 ou 3 brins de thym. Couvrez et enfournez pour 1 h.

4. Servez directement dans les mini-cocottes.

Filet mignon de veau et farfalle aux deux poivrons

Le filet mignon de veau doit être bien doré à l'extérieur, mais encore rosé et juteux à l'intérieur.

Facile | Pour **4 personnes** | Préparation **20 min** | Cuisson **20 min**

Ingrédients
- 2 filets mignons de veau de 350 g chacun environ
- 4 c. à s. d'huile d'olive
- 250 g de farfalle
- 2 échalotes émincées
- 1 poivron jaune épépiné et coupé en lanières
- 1 poivron rouge épépiné et coupé en lanières
- Fleur de sel, sel, poivre du moulin

1. Préchauffez le four à 210 °C (th. 7). Salez et poivrez les filets mignons de veau. Faites-les dorer de tous côtés avec 2 c. à s. d'huile d'olive dans une poêle à feu moyen.

2. Déposez les filets mignons dans un plat à four et enfournez pour 15 min. En fin de cuisson, laissez reposer 10 min sous un papier d'aluminium.

3 Pendant ce temps, faites cuire les farfalle à l'eau bouillante salée suivant les indications portées sur l'emballage, puis égouttez-les.

4. Faites chauffer le reste d'huile d'olive dans une sauteuse. Mettez-y les échalotes à suer 3 min à feu moyen. Ajoutez les lanières de poivron et faites sauter le tout 7 à 8 min, en mélangeant régulièrement.

5. Mélangez les farfalle et les poivrons, poivrez. Coupez le filet mignon en tranches, parsemez-le de fleur de sel et servez avec les pâtes.

Petits farcis provençaux au bœuf

Des petits farcis au parfum de Provence, à relever de vos herbes préférées, pour un air de vacances.

Facile | Pour **4 personnes** | Préparation **25 min** | Cuisson **1 h 20**

Ingrédients

- 4 courgettes rondes
- 4 tomates
- 2 poivrons jaunes
- 3 c. à s. d'huile d'olive
- 1 oignon haché
- 4 gousses d'ail écrasées
- 600 g de viande de bœuf hachée
- 3 c. à s. de pignons de pin
- 2 c. à s. de persil plat ciselé
- Sel, poivre

1. Faites cuire les courgettes 8 min à la vapeur, puis coupez-leur une calotte et creusez-les très délicatement pour en récupérer la chair. Coupez également une calotte aux tomates et récupérez-en la chair. Faites de même avec les poivrons jaunes, puis épépinez-les.

2. Faites chauffer l'huile d'olive dans une casserole. Mettez-y l'oignon et l'ail à suer 3 min à feu moyen. Ajoutez la viande hachée et faites-la rissoler 5 min, en mélangeant régulièrement.

3. Préchauffez le four à 180 °C (th. 6). Ajoutez dans la casserole la chair des courgettes et des tomates, salez et poivrez. Laissez frémir 10 min, puis ajoutez les pignons de pin et coupez le feu.

4. Farcissez les légumes de cette préparation. Déposez-les dans un plat à four, entourez de 5 cl d'eau et enfournez pour 1 h, en couvrant de papier d'aluminium à mi-cuisson. Parsemez de persil juste avant de servir.

Tomates farcies au bœuf et au jambon

Au cœur des tomates, une petite ratatouille de mini-dés de légumes et de jambon juste fondants.

Délicat | Pour **4 personnes** | Préparation **25 min** | Cuisson **40 min**

Ingrédients
- 2 courgettes
- 1 poivron jaune
- 1 poivron rouge
- 5 c. à s. d'huile d'olive
- 1 oignon haché
- 2 gousses d'ail écrasées
- 125 g de viande de bœuf hachée
- 2 tranches de jambon de Paris coupées en dés
- 4 belles tomates
- Sel, poivre

1. Coupez les courgettes en petits dés bien réguliers de 5 mm de côté environ. Épépinez les poivrons jaune et rouge, puis coupez-les en dés de la même taille.

2. Préchauffez le four à 180 °C (th. 6). Faites chauffer 3 c. à s. d'huile d'olive dans une casserole et mettez-y l'oignon et l'ail à suer 5 min à feu moyen. Ajoutez le bœuf haché et faites rissoler 5 min.

3. Ajoutez les dés de courgette et de poivron, faites sauter encore 5 min. Coupez le feu, salez et poivrez, puis ajoutez les dés de jambon.

4. Coupez une calotte aux tomates, creusez-les très délicatement d'une partie de leur chair, puis farcissez-les de cette préparation. Déposez-les dans un plat à four et nappez-les du reste d'huile d'olive. Enfournez pour 30 min.

Omelette soufflée au cresson et au céleri, tranches de saumon fumé

Une omelette à la saveur particulièrement relevée, à tempérer d'une petite sauce au yaourt citronnée.

Facile | Pour **4 personnes** | Préparation **20 min** | Cuisson **25 min**

Ingrédients

- 1 botte de cresson
- 40 g de beurre
- 2 branches de céleri émincées
- 8 œufs
- 15 cl de lait
- 1 c. à c. d'huile de tournesol
- 1 yaourt brassé
- 2 c. à s. de jus de citron
- 8 tranches de saumon fumé
- Sel, poivre

1. Lavez soigneusement le cresson, triez-le pour éliminer les feuilles flétries ou abîmées, puis essorez-le. Réservez quelques feuilles pour la décoration, hachez grossièrement le reste au couteau.

2. Faites fondre le beurre dans une casserole. Mettez-y le cresson haché et le céleri à étuver 7 à 8 min à feu moyen, en mélangeant très régulièrement, puis coupez le feu.

3. Cassez les œufs en séparant les jaunes des blancs. Battez les jaunes avec le lait, puis ajoutez les légumes étuvés. Montez les blancs en neige ferme et incorporez-les délicatement au mélange précédent.

4. Versez le tout dans une poêle antiadhésive huilée et faites cuire à couvert environ 15 min à feu doux.

5. Pendant ce temps, mélangez dans un bol le yaourt, le jus de citron, du sel et du poivre.

6. Servez l'omette soufflée tiède ou froide, coupée en parts surmontées de tranches de saumon fumé et décorées de feuilles de cresson. Présentez à part la sauce au yaourt.

« La saveur piquante du cresson s'accommode aussi bien à cru, en salade, qu'à chaud, pour des purées ou veloutés. »

Pilaf au curcuma et légumes croquants

Choisissez du riz au grain bien long et ferme : par exemple un riz basmati, qui gardera sa texture.

Facile | Pour **4 personnes** | Préparation **25 min** | Cuisson **35 min**

Ingrédients

– 2 c. à s. d'huile de tournesol
– 1 oignon haché
– 250 g de riz long grain
– ¼ de c. à c. de curcuma
– 1 l de bouillon de légumes
– 2 carottes coupées en bâtonnets
– 2 poivrons verts coupés en lanières
– 2 œufs
– 2 c. à s. de lait
– 2 c. à s. de pignons de pin grillés à sec
– 1 pointe de couteau de piment en poudre
– Sel, poivre

1. Faites chauffer 1 c. à s. d'huile dans une sauteuse. Mettez-y l'oignon à suer 5 min à feu moyen. Ajoutez le riz et faites nacrer 2 min. Poudrez de curcuma.

2. Arrosez du bouillon, portez à frémissements et couvrez à demi. Laissez cuire environ 20 min.

3. Pendant ce temps, faites revenir les carottes et les poivrons dans le reste d'huile à feu moyen, puis couvrez et laissez étuver 5 min.

4. Dans une petite poêle antiadhésive, préparez une omelette bien sèche avec les œufs battus et le lait, puis laissez refroidir.

5. Mélangez le riz cuit avec les légumes, ajoutez l'omelette coupée en lanières et les pignons de pin. Salez, poivrez et poudrez de piment.

Millefeuilles de poivrons aux aubergines

Servez ces millefeuilles gourmands en accompagnement de brochettes de bœuf ou de filet mignon de porc.

Facile | Pour **4 personnes** | Préparation **25 min** | Cuisson **15 min**

Ingrédients

- 1 aubergine
- 1 beau poivron jaune
- 1 beau poivron rouge
- Farine
- Huile d'olive
- 4 c. à c. de parmesan râpé
- ½ bouquet de persil plat ciselé
- 2 c. à c. de vinaigre balsamique
- Sel, poivre

1. Lavez l'aubergine, coupez-la en fines rondelles. Épépinez les poivrons et coupez-les également en rondelles.

2. Farinez légèrement les tranches d'aubergine, puis faites-les revenir à l'huile d'olive dans une grande poêle, à feu vif, 1 min de chaque côté. Épongez-les sur du papier absorbant.

3. Faites également revenir les rondelles de poivron à l'huile d'olive, 30 s de chaque côté.

4. Allumez le gril du four. Dans un plat à four, montez 4 millefeuilles, en alternant les couches d'aubergine et de poivron. Salez et poivrez, puis saupoudrez de parmesan. Enfournez pour 5 min.

5. Pour servir, saupoudrez de persil plat et arrosez d'une giclée de vinaigre balsamique.

Tarte aux courgettes et aux poivrons jaunes

L'important est de garnir la tarte d'une bonne couche de légumes, qui vont légèrement confire à la cuisson.

Facile | Pour **4 personnes** | Préparation **25 min** | Cuisson **55 min**

Ingrédients
- 2 petites courgettes
- 3 poivrons jaunes
- 3 c. à s. d'huile d'olive
- 5 échalotes pelées et coupées en deux dans la longueur
- 250 g de pâte brisée
- Un peu de farine pour le plan de travail
- 20 g de beurre pour le moule
- Quelques brins de thym
- 200 g de feta
- Sel, poivre

1. Coupez les courgettes en fines rondelles. Épépinez les poivrons et coupez-les en carrés.

2. Faites chauffer l'huile d'olive dans une sauteuse. Mettez-y les échalotes à suer 3 min à feu moyen. Ajoutez les rondelles de courgette et les carrés de poivron. Faites cuire 10 min environ, en mélangeant régulièrement.

3. Pendant ce temps, préchauffez le four à 190 °C (th. 6/7). Étalez la pâte au rouleau sur un plan de travail fariné, garnissez-en un moule rectangulaire beurré de 11 x 35 cm environ (ou un moule à tarte de 26 cm de diamètre environ).

4. Répartissez les légumes sur le fond de tarte, en les étalant bien jusqu'au bord. Ajoutez quelques brins de thym et enfournez pour 40 min, en baissant le four à 160 °C (th. 5/6) au bout de 15 min. Salez et poivrez en fin de cuisson.

5. Parsemez de feta émiettée à la sortie du four. Laissez légèrement tiédir avant de servir.

« Les poivrons jaune et orange ont une chair fruitée et savoureuse, plus digeste que celle du poivron vert. »

Graine de couscous au fenouil

Un accompagnement original pour de l'agneau rôti : les légumes braisés aux épices sont fondants à souhait.

Facile | Pour **4 personnes** | Préparation **25 min** | Cuisson **40 min**

Ingrédients

- 2 petits bulbes de fenouil
- 4 navets moyens
- 5 c. à s. d'huile d'olive
- 1 oignon haché
- 2 gousses d'ail écrasées
- 2 c. à c. de ras-el-hanout
- 1 c. à c. de cannelle en poudre
- 200 g de graine de couscous moyenne
- 2 tomates pelées, épépinées et concassées
- 20 cl de bouillon de volaille
- Quelques brins d'aneth
- Sel, poivre

1. Coupez en deux les bulbes de fenouil. Pelez les navets et coupez-les en cubes. Faites chauffer 2 c. à s. d'huile d'olive dans une cocotte. Mettez-y l'oignon et l'ail à suer 5 min à feu moyen.

2. Ajoutez le fenouil et les navets, faites revenir 3 min, puis incorporez la moitié des épices, du sel, du poivre et 20 cl d'eau. Baissez le feu au minimum, couvrez et laissez mijoter 30 min.

3. Pendant ce temps, mélangez dans une jatte la graine de couscous avec le reste des épices, le reste d'huile d'olive et les tomates. Portez le bouillon à frémissements, versez sur la graine, mélangez bien et laissez gonfler, puis égrenez à la fourchette.

4. Disposez les légumes braisés sur la graine et décorez d'aneth juste avant de servir.

Fenouils farcis au comté

Richement garnies d'une purée enrichie en comté, les feuilles de fenouil sont ensuite gratinées au four.

Facile | Pour **4 personnes** | Préparation **25 min** | Cuisson **50 min**

Ingrédients

- 2 à 3 fenouils
- 450 g de pommes de terre pelées et coupées en dés
- 60 g de beurre
- 120 g de comté râpé
- 2 c. à s. d'huile d'olive
- Quelques brins d'aneth pour décorer
- Sel, poivre

1. Coupez la base des fenouils, puis séparez-en délicatement les grosses feuilles extérieures : vous devez en récupérer 8. Faites-les blanchir 5 min à l'eau bouillante salée, égouttez-les et laissez-les refroidir.

2. Hachez la chair de fenouil, mettez-la dans une casserole, puis ajoutez les pommes de terre et couvrez d'eau froide. Salez et poivrez, portez à frémissements et laissez cuire 20 min.

3. Égouttez bien les légumes, puis réduisez-les en purée au moulin à légumes. Incorporez le beurre, puis le comté.

4. Préchauffez le four à 180 °C (th. 6). Farcissez les feuilles de fenouil de cette préparation, puis disposez-les dans un plat à four. Nappez d'huile d'olive et enfournez pour 25 min. Décorez d'aneth juste avant de servir.

Spaghetti alle vongole

Spécialité de la ville de Naples, les pâtes aux palourdes sont un véritable délice...

Facile | Pour **4 personnes** | Préparation **30 min** | Trempage **30 min** | Cuisson **15 min**

Ingrédients

- 700 g de palourdes
- 250 g de spaghetti
- 3 c. à s. d'huile d'olive
- 1 petit oignon haché
- 1 gousse d'ail écrasée
- 3 tomates pelées, épépinées et concassées
- 2 c. à c. de câpres égouttées
- 2 c. à s. de persil plat ciselé
- Sel, poivre

1. Rincez les palourdes dans plusieurs eaux, puis faites-les tremper 30 min dans de l'eau très salée. Égouttez-les et rincez-les sous l'eau courante.

2. Faites-les ouvrir à feu vif dans une cocotte, puis prélevez-les à l'écumoire. Filtrez le jus de cuisson.

3. Faites cuire les spaghetti à l'eau bouillante salée suivant les indications portées sur l'emballage : elles doivent rester *al dente*.

4. Pendant ce temps, faites chauffer l'huile d'olive dans une sauteuse et mettez-y l'oignon à fondre 3 min à feu moyen. Ajoutez le jus des palourdes, l'ail et les tomates. Laissez frémir 5 min.

5. Égouttez soigneusement les spaghetti, puis ajoutez-les dans la sauteuse, avec les palourdes et les câpres. Salez et poivrez. Faites chauffer le tout 2 min, puis répartissez dans les assiettes, parsemé de persil.

Spaghetti au pesto d'amandes

Les amandes apportent au pesto un velouté différent des pignons de pin, nappant agréablement les spaghetti.

Facile | Pour **4 personnes** | Préparation **12 min** | Cuisson **10 min**

Ingrédients

- 250 g de spaghetti
- 1 gousse d'ail
- 1 c. à s. de poudre d'amandes
- 1 beau bouquet de basilic
- 40 g de parmesan frais
- 5 c. à s. d'huile d'olive
- 2 c. à s. d'amandes effilées grillées à sec
- Sel

1. Faites cuire les spaghetti à l'eau bouillante salée suivant les indications portées sur l'emballage, puis égouttez-les.

2. Pendant ce temps, pelez et dégermez la gousse d'ail, puis mettez-la dans un mortier avec la poudre d'amandes et ajoutez le basilic effeuillé (réservez quelques sommités pour la décoration). Pilez le tout.

3. Râpez la moitié du parmesan et incorporez-le au mélange, puis montez progressivement le pesto avec l'huile d'olive.

4. Servez les spaghetti nappés de ce pesto, saupoudrés du reste de parmesan et parsemés des amandes concassées. Décorez des sommités de basilic réservées.

Les pâtes

Emblématiques de la **cuisine italienne**, mais importées de Chine par Marco Polo, les pâtes sont aujourd'hui abondamment consommées dans le monde entier. Dans nos contrées, elles sont généralement à base de **farine de blé dur** : celle-ci est pétrie avec de l'eau pour en exprimer le gluten, ce qui leur assure cette texture dense très particulière. Elles sont ensuite façonnées dans la forme voulue, parfois avec des douilles… en or massif, offrant aux pâtes le granulosité idéale pour bien accrocher la **sauce**. On peut leur incorporer des œufs, pour une saveur plus riche, mais aussi des épinards, de la tomate ou de l'encre de seiche, pour des pâtes joliment **colorées**. En Asie, les pâtes sont à base de farine de **riz** ou de farine de soja ; elles cuisent plus rapidement et doivent parfois être préalablement mises à tremper dans l'eau froide. Surtout constituées de **glucides complexes**, les pâtes constituent une excellente **source d'énergie**, dont le corps profite durablement. Certaines sont déjà **farcies** (à la viande, au fromage, aux herbes…), telles que les ravioli ou les tortellini.

Conseils pratiques

• ACHAT

Toutes les pâtes ne sont pas comparables, et elles sont suffisamment peu chères pour que l'on puisse tester les différentes marques et se forger ainsi une opinion. Et, bien sûr, choisissez-les en fonction de leur forme…

• PRÉPARATION

Les pâtes de grosse taille (rigatoni, penne…), souvent creuses, se nappent de sauce. Les petites pâtes (farfalle, fusilli) sont plutôt destinées à être mêlées à d'autres ingrédients, à chaud ou à froid. Les pâtes longues (spaghetti, tagliatelle…) sont quant à elles parfaites à servir en garniture.

• CUISSON

Les pâtes doivent impérativement être cuites dans un grand volume d'eau bouillante salée : comptez 1 l d'eau pour 100 g de pâtes. Il est en effet indispensable que l'ébullition reprenne rapidement une fois les pâtes jetées dans l'eau, pour qu'elles demeurent bien fermes.

• LES PÂTES À CUISINER

Les lasagne ou les cannelloni se garnissent avant cuisson et cuisent avec leur sauce : on les trouve aujourd'hui précuits. On peut également préparer les petites pâtes (coquillettes, orzo…) comme un risotto, en les faisant peu à peu gonfler dans du bouillon.

Le + nutrition

Les pâtes ne sont pas responsables de surpoids, au contraire de certaines sauces dont on les nappe, qui peuvent être très grasses (carbonara…). Pour maximiser leur apport en fibres et leurs bienfaits sur l'organisme, choisissez de préférence des pâtes complètes.

Pour 100 g
- > 125 kcal
- > Protéines : 4,8 g
- > Glucides : 23 g
- > Fibres : 1,8 g
- > Cholestérol : 8 mg
- > Potassium : 350 mg

La patate douce

Ce tubercule, qui ressemble à la pomme de terre par sa forme et son mode de culture, ne lui est en fait que lointainement apparenté. Plante vivace peu exigeante quant à la qualité des sols, elle est cultivée dans le monde entier, particulièrement en Chine (plus de 80 % de la production mondiale) et en Afrique. Elle est produite en France de manière marginale, mais surtout importée, et on en trouve à toutes les époques de l'année. C'est une des bases de la cuisine créole, où elle remplace à la fois la pomme de terre, la carotte, le navet… Sa chair légèrement farineuse, au goût sucré (surtout lorsqu'elle est cuite à l'eau), rappelle celle de la châtaigne. Elle a une texture agréable, plus ou moins fondante en bouche suivant le temps de cuisson. On peut l'apprêter aussi bien en légume qu'en dessert, ce qui en fait un ingrédient étonnamment polyvalent, révélant ses saveurs de mille façons différentes. La patate douce est extrêmement riche en amidon, mais contient également du saccharose (sucre rapide). Elle reste pourtant relativement peu calorique.

Conseils pratiques

• ACHAT

Il existe plusieurs variétés de patate douce, de l'orange intense au rose bonbon, plus ou moins juteuses et fibreuses. Elles doivent être bien dures et rigides, surtout pas souples ni ridées. La peau peut parfois être assez épaisse ; prévoyez dans ce cas jusqu'à 20 % de pertes.

• CONSERVATION

La patate douce se conserve beaucoup moins facilement que la pomme de terre. Elle est notamment plus sensible à l'excès d'humidité, qui la gâte en quelques jours. Conservez-la au frais (pas au réfrigérateur), à l'abri de la lumière et dans un lieu sec.

• PRÉPARATION

La patate douce se nettoie simplement sous l'eau courante ; on peut éventuellement la brosser délicatement pour éliminer les résidus terreux. Contrairement aux feuilles de pomme de terre, toxiques, les feuilles de patate douce peuvent être cuites, comme des épinards.

• CUISSON

Suivant la recette, elle peut être épluchée avant ou après cuisson. Tous les modes de cuisson lui conviennent : à l'eau, à la vapeur, au four, en cocotte, et même frites, où elle donne des chips croustillantes, avec une saveur légèrement plus sucrée que celle de la pomme de terre (voir page suivante).

Le + nutrition

La patate douce est riche en glucides complexes, mais fournit également des sucres rapides ; elle est donc idéale au déjeuner, pour l'énergie apportée à l'organisme tout l'après-midi. Elle est extrêmement riche en bêta-carotène (surtout les variétés les plus colorées) et contient aussi beaucoup de fibres.

Pour 100 g
- > 60 kcal
- > Glucides : 13 g
- > Béta-carotène : 10 400 µg
- > Fibres : 3 g

Chips de patate douce aux épices du soleil et au pesto

Amusant : les chips doucereuses se trempent dans le pesto, puis dans les épices. Ça croustille et c'est bon !

Facile | Pour **6 personnes** | Préparation **25 min** | Cuisson **10 min**

Ingrédients
- 2 à 3 patates douces
- 1 bouquet de basilic
- 1 gousse d'ail
- 2 c. à s. de pignons de pin
- 6 cl d'huile d'olive
- 40 g de parmesan râpé
- 2 c. à s. de graines de sésame
- 1 c. à s. de garam masala
- Huile de friture

1. Pelez les patates douces, puis taillez-les en chips le plus fines et régulières possible : utilisez de préférence une mandoline, mais un économe fait également l'affaire.

2. Rincez-les abondamment sous l'eau courante, puis égouttez-les et séchez-les enfin dans un linge. Laissez-les finir de sécher à l'air libre pendant que vous préparez le pesto et les épices.

3. Effeuillez le basilic, pelez et dégermez la gousse d'ail. Pilez-les ensemble, dans un mortier, avec les pignons de pin. Incorporez progressivement l'huile d'olive, puis le parmesan pour épaissir. Versez dans un verre ou un bol.

4. Faites griller les graines de sésame 2 à 3 min à sec dans une poêle antiadhésive : elles doivent être bien dorées. Mélangez-les alors avec le garam masala et mixez le tout quelques secondes au robot. Versez dans une coupelle.

5. Faites chauffer l'huile de friture à 170 °C. Mettez-y les lamelles de patate douce à frire 2 min environ, par fournées, puis épongez-les soigneusement sur du papier absorbant. Servez ces chips avec le pesto et le mélange d'épices.

« La texture agréable de la patate douce peut s'apprêter aussi bien en légume qu'en dessert. »

Courgettes au curry

Une recette légère, originale et parfumée, qui accompagnera à merveille une viande ou un poisson grillés.

Facile | Pour **4 personnes** | Préparation **10 min** | Cuisson **10-15 min**

Ingrédients

- 4 courgettes moyennes
- 60 cl de bouillon de légumes
- 1 c. à s. de curry en poudre
- 50 g de raisins secs
- Le jus de ½ orange
- 30 g de pignons de pin
- 4 bulbes de ciboule émincés
- 1 filet d'huile d'olive extravierge
- 4 brins de persil
- Sel, poivre du moulin

1. Lavez les courgettes. Coupez-les en quatre dans la longueur, puis recoupez-les en tronçons.

2. Dans une casserole, mélangez le bouillon avec le curry. Portez à frémissements et salez. Ajoutez les courgettes. Laissez frémir 10 à 15 min environ : les légumes doivent être tendres sans se défaire.

3. Pendant ce temps, réhydratez les raisins secs dans le jus d'orange. Faites chauffer une poêle antiadhésive à feu moyen. Mettez-y les pignons à dorer 2 à 3 min à sec, en remuant.

4. Égouttez les courgettes. Répartissez-les dans des bols avec les raisins secs égouttés, les pignons et la ciboule. Arrosez le tout d'un filet d'huile d'olive, poivrez, décorez de persil et servez.

Spaghetti de courgette à la dinde

Pour changer, lancez-vous dans cette manière inhabituelle de servir les courgettes : vous serez séduits !

Facile | Pour **4 personnes** | Préparation **25 min** | Marinade **3 h** | Cuisson **40 min**

Ingrédients

- 6 c. à s. d'huile de soja
- 4 c. à s. de sauce soja
- 4 c. à s. de xérès
- 1 c. à s. de miel
- 10 cl de jus de citron
- ½ c. à c. d'ail en poudre
- ½ c. à c. de gingembre en poudre
- 4 escalopes de dinde de 2 cm d'épaisseur
- 4 petits bulbes de fenouil coupés en deux
- 2 c. à s. de crème liquide
- 3 courgettes lavées
- 40 g de beurre fondu
- Quelques brins de persil
- Sel, poivre du moulin

1. Mélangez 4 c. à s. d'huile avec la sauce soja, le xérès, le miel, 2 c. à s. de jus de citron, l'ail et le gingembre. Faites-y mariner les escalopes 3 h.

2. Faites chauffer 1 c. à s. d'huile à feu moyen dans une sauteuse. Mettez-y le fenouil à dorer 5 min de tous côtés. Arrosez du reste de jus de citron, salez et poivrez. Baissez le feu et couvrez. Laissez braiser 40 min environ à feu doux.

3. Pendant ce temps, faites chauffer 1 c. à s. d'huile à feu moyen dans une poêle. Mettez-y les escalopes égouttées à dorer 8 min de chaque côté. Émincez-les. Déglacez la poêle avec la crème.

4. Passez les courgettes à la mandoline. Cuisez-les 5 min à l'eau bouillante salée. Égouttez-les, puis incorporez le beurre. Disposez sur les assiettes avec la dinde et le déglaçage. Poivrez et décorez de persil.

Riz aux crevettes et à la salicorne

Les salicornes accompagnent tout naturellement les crevettes, tant leurs saveurs s'accordent harmonieusement.

Facile | Pour **4 personnes** | Préparation **25 min** | Cuisson **10 min**

Ingrédients

- 160 g de salicornes fraîches
- 150 g de tomates cerises
- 400 g de crevettes bouquets
- 200 g de riz long grain
- 30 g de pignons de pin
- 4 c. à s. d'huile d'olive
- 1 échalote émincée
- 2 gousses d'ail écrasées
- 10 cl de vin blanc sec
- 1 filet de jus de citron
- 1 petite branche de cresson
- Sel, poivre du moulin

1. Coupez la base des salicornes et supprimez-en les parties brunes. Lavez-les soigneusement. Faites-les blanchir 10 s à l'eau bouillante, puis plongez-les aussitôt dans l'eau glacée. Lavez et séchez les tomates. Décortiquez les crevettes en conservant l'anneau supportant leur queue.

2. Faites cuire le riz à l'eau bouillante salée selon les indications portées sur l'emballage, puis égouttez-le et mettez-le dans un plat creux.

3. Pendant ce temps, faites chauffer une poêle antiadhésive à feu moyen. Mettez-y les pignons à dorer très légèrement 1 min, en remuant, puis déposez-les sur du papier absorbant.

4. Faites chauffer l'huile d'olive dans la poêle. Mettez-y les crevettes à revenir 3 min, en remuant. Transférez-les à l'écumoire sur une assiette.

5. Mettez les tomates cerises, l'échalote et l'ail dans la même poêle. Faites-les dorer 5 min environ, en remuant. Ajoutez les salicornes et le vin, salez légèrement et poivrez généreusement. Laissez le tout réduire 1 min, puis répartissez sur le riz avec les pignons. Arrosez de jus de citron, puis décorez de cresson et servez aussitôt.

La salicorne

La salicorne est une plante halophile : elle pousse naturellement dans des **zones trop salées** pour la majorité des végétaux. On la trouve ainsi sur les plages, le long des dunes de la majorité des côtes françaises, mais également dans les **marais salants** de Camargue ou les fameux **prés salés** où paissent les agneaux du même nom. On la récolte dès le mois d'avril et jusqu'à mi-juillet environ : plus tard dans la saison, elle devient trop coriace. Elle est parfois appelée « **haricot de mer** », parce qu'elle se cuisine de la même manière : simplement cuite à l'eau salée ou à la vapeur, pendant quelques minutes. Les très jeunes pousses peuvent même être mangées crues. Incorporez-la dans des **salades** ou faites-la sauter rapidement pour accompagner un **poisson** : elle est d'ailleurs vendue sur les étals des poissonniers.

Coulemelles sautées au basilic

Moins renommées que les cèpes et les girolles, les coulemelles sont justement prisées des connaisseurs !

Facile | Pour **4 personnes** | Préparation **15 min** | Cuisson **10 min**

Ingrédients

- 12 coulemelles
- 4 branches de basilic
- 2 gousses d'ail émincées
- 1 c. à s. de pignons de pin
- 4 c. à s. d'huile d'olive
- 30 g de beurre
- 1 c. à s. de persil ciselé
- Sel, poivre

1. Retirez la queue des coulemelles. Nettoyez-en les chapeaux dans un linge humide. Prélevez les sommités et les feuilles des branches de basilic. Réservez les sommités pour décorer.

2. Mixez l'ail avec les feuilles de basilic, les pignons et l'huile jusqu'à obtention d'un mélange homogène.

3. Faites chauffer le beurre à feu moyen dans une poêle. Mettez-y les chapeaux de coulemelles à cuire 5 min environ, en les retournant de temps en temps : ils doivent rendre, puis réabsorber toute leur eau de végétation. Salez et poivrez.

4. Arrosez les champignons d'huile aromatisée et poursuivez la cuisson 2 min de chaque côté. Servez à l'assiette, parsemé de persil et décoré des sommités de basilic.

Quiche aux coulemelles

La saveur caractéristique des coulemelles est magnifiée dans cette quiche crémeuse aux herbes de Provence.

Facile | Pour **6 personnes** | Préparation **15 min** | Cuisson **45 min**

Ingrédients

- 20 g de beurre ramolli
- 1 pâte brisée préétalée
- 500 g de chapeaux de coulemelles
- 1 c. à s. d'huile de tournesol
- 2 échalotes émincées
- 1 gousse d'ail écrasée
- 1 c. à s. d'herbes de Provence
- 2 œufs
- 25 cl de crème fraîche épaisse
- Sel, poivre

1. Préchauffez le four à 200 °C (th. 6-7). Beurrez une tourtière au pinceau. Garnissez-la avec la pâte brisée. Piquez le fond à la fourchette. Enfournez pour 5 min à blanc, puis laissez complètement refroidir.

2. Nettoyez les champignons dans un linge humide, puis coupez-les en lamelles. Faites chauffer l'huile dans une poêle à feu moyen. Mettez-y les échalotes à suer 3 min, en remuant.

3. Ajoutez les champignons. Laissez-les cuire 5 min environ : ils doivent rendre, puis réabsorber leur eau de végétation. Ajoutez l'ail, les herbes, du sel et du poivre. Poursuivez la cuisson 2 min, en remuant.

4. Répartissez les champignons cuits sur la pâte. Fouettez les œufs avec la crème, du sel et du poivre. Versez sur les champignons. Enfournez pour 30 min environ. Servez avec du jambon cru d'Auvergne.

Aubergines farcies au chavignol

Une façon originale de farcir les aubergines, découpées en gros tronçons, pour une chair idéalement fondante.

Facile | Pour **6 personnes** | Préparation **25 min** | Cuisson **45 min**

Ingrédients

– 3 belles aubergines
– 3 c. à s. d'huile d'olive
– 2 beaux crottins de Chavignol
– 1 botte d'oignons nouveaux
– Sel, poivre du moulin

1. Préchauffez le four à 180 °C (th. 6). Ôtez les extrémités des aubergines, coupez chacune en 2 tronçons, déposez-les dans un plat à four et nappez-les d'huile d'olive. Salez et poivrez, et enfournez pour 30 min.

2. Sortez le plat du four (laissez celui-ci allumé) et laissez tiédir. Pendant ce temps, coupez les crottins de Chavignol en dés, mélangez-les avec les oignons nouveaux finement émincés. Poivrez, mais ne salez pas (le crottin l'est déjà).

3. Creusez délicatement la partie supérieure des aubergines à l'aide d'une petite cuillère. Répartissez-y la préparation précédente, puis enfournez de nouveau pour 15 min. Servez dès la sortie du four.

L'aubergine

Fruit d'une **solanacée**, comme la pomme de terre ou la tomate, l'aubergine ne nous vient pourtant pas d'Amérique, mais d'Inde, et, si elle fut importée en Europe dès le XVIe siècle, elle n'y fut longtemps cultivée que comme plante d'ornement. C'est l'un des rares légumes qui ne puisse se manger **cru**. Pour la cuire, toutes les méthodes sont bonnes, mais il faut se souvenir que l'aubergine agit comme une **éponge** : elle boit littéralement l'huile qu'on lui propose, dont elle peut même absorber des quantités stupéfiantes… Mais l'**huile d'olive** lui va à ravir, notamment dans la ratatouille ! Pour limiter l'ampleur calorique, on peut la faire **dégorger** ou la fariner avant de la frire. Ou, bien sûr, opter pour des cuissons plus diététiques : au four, à la vapeur… L'aubergine est typique des cuisines méditerranéennes (caviar d'aubergine, **moussaka**…), mais aussi de nombre de cuisines africaines, qui utilisent des variétés plus petites, de couleur parfois blanche ou verte.

Conseils pratiques

• ACHAT

Évitez les trop gros spécimens, qui sont spongieux et souvent pleins de graines désagréables à la dégustation et difficiles à digérer. Choisissez-les bien lisses et brillantes, la peau ne devant être ni terne ni fripée. Le pédoncule doit être bien vert et dressé, encore piquant. La couleur n'est pas vraiment une indication, sauf au cœur d'un même lot : méfiez-vous de celles qui sont très noires.

• CONSERVATION

Des aubergines saines, qui ne se sont pas entrechoquées, se conservent plusieurs jours dans un endroit frais et aéré – en évitant le réfrigérateur, qui les ramollirait.

• PRÉPARATION

Retirez-en simplement le pédoncule : il n'est pas nécessaire de la peler. Pour limiter son amertume et sa capacité d'absorption de l'huile, vous pouvez la faire dégorger : coupez-la en tranches, puis mettez-la dans une passoire et saupoudrez-la de gros sel. Laissez dégorger 1 h environ, puis rincez soigneusement, égouttez et séchez.

• CUISSON

La cuisson à la vapeur permet d'éviter les matières grasses, mais vous pouvez également cuire l'aubergine à la poêle antiadhésive, dans un bouillon, en papillote… Vous pouvez même la braiser.

Le + nutrition

Simplement cuite dans sa peau, à la vapeur, l'aubergine est bien un légume de régime, très peu calorique. Elle est également riche en fibres – à condition de la consommer avec la peau, mais celle-ci peut se révéler difficile à digérer.

Pour 100 g
- **> 24 kcal**
- **> Protéines : 1 g**
- **> Glucides : 3 g**
- **> Fibres : 3,5 g**
- **> Bêta-carotène : 40 µg**

Millefeuilles aubergines-courgettes

Ces millefeuilles tiendront la vedette d'un repas végétarien, servis avec une salade de mesclun aux pignons.

Facile | Pour **4 personnes** | Préparation **15 min** | Dégorgement **15 min** | Marinade **30 min** | Cuisson **30 min**

Ingrédients

- 1 aubergine
- 1 courgette
- Huile d'olive
- 4 feuilles de basilic ciselées
- 1 c. à c. de feuilles de thym
- 1 bûche de fromage de chèvre
- 4 brins de thym en fleur
- Sel, poivre du moulin

1. Lavez l'aubergine et la courgette. Coupez-les en rondelles de 5 mm d'épaisseur environ. Salez l'aubergine, puis faites-la dégorger 15 min dans une passoire. Rincez-la bien et épongez-la dans du papier absorbant.

2. Dans un saladier, mélangez toutes les rondelles avec 2 c. à s. d'huile d'olive, le basilic, les feuilles de thym, du sel et du poivre. Laissez mariner 30 min. Préchauffez le four à 200 °C (th. 6/7).

3. Coupez le chèvre en fines rondelles. Découpez 4 carrés de 20 cm de côté dans du papier sulfurisé. Montez-y les millefeuilles, en alternant les rondelles de légumes et de fromage, et en arrosant chaque couche de quelques gouttes d'huile.

4. Refermez hermétiquement les papillotes. Enfournez pour 30 min. Ouvrez les papillotes au moment de servir et décorez les millefeuilles de thym en fleur.

Aubergines, poivrons et fenouil marinés

Les aubergines s'associent au poivron et au fenouil dans un accompagnement délicieusement aromatique.

Facile | Pour **4 personnes** | Préparation **20 min** | Cuisson **40-45 min** | Marinade **1 h 20**

Ingrédients

- 3 poivrons rouges
- 1 bulbe de fenouil
- 2 aubergines moyennes
- 15 cl d'huile de soja
- 1 c. à s. de sauce soja
- 2 c. à c. de graines de coriandre grossièrement concassées
- 2 gousses d'ail écrasées
- 1 échalote émincée
- 2 c. à s. de raisins secs blonds
- Les feuilles de 4 branches de coriandre ciselées
- ½ botte de ciboulette ciselée
- Poivre du moulin

1. Préchauffez le four à 210 °C (th. 7). Enveloppez individuellement les poivrons rouges dans du papier d'aluminium. Enfournez-les pour 30 min. Laissez-les refroidir dans l'aluminium, puis pelez-les, épépinez-les et coupez-les en larges lanières.

2. Allumez le gril du four et glissez la grille dessous. Coupez le fenouil en tranches fines dans la hauteur et les aubergines en rondelles. Déposez-les sur la grille chaude pour 10 à 15 min à 10 cm sous le gril, en les retournant régulièrement. Laissez refroidir.

3. Disposez les légumes cuits dans des assiettes creuses. Mélangez tous les autres ingrédients dans un bol, puis répartissez cette sauce sur les légumes à la cuillère. Poivrez.

4. Couvrez de film alimentaire et laissez mariner 1 h au réfrigérateur. Placez à température ambiante 20 min avant de servir.

Crèmes à la verveine

Subtilement aromatisées de verveine, ces savoureuses petites crèmes sont d'une grande délicatesse.

Facile | Pour **4 personnes** | Préparation **5 min** | Infusion **20 min** | Cuisson **40 min** | Réfrigération **1 h**

Ingrédients

– 50 cl de lait
– 8 feuilles de verveine + 8 sommités pour décorer
– 3 œufs
– 5 c. à s. de sucre en poudre

1. Versez le lait dans une casserole. Ajoutez la verveine et portez à frémissements. Retirez du feu et laissez infuser 20 min.

2. Préchauffez le four à 160 °C (th. 5/6). Dans un saladier, fouettez vigoureusement les œufs avec le sucre en poudre jusqu'à ce que le mélange blanchisse.

3. Filtrez le lait, puis portez-le de nouveau à frémissements. Incorporez-le aussitôt à la préparation précédente, en fouettant. Répartissez dans 4 ramequins.

4. Enfournez pour 40 min au bain-marie. Laissez refroidir. Réservez 1 h au réfrigérateur avant de servir, avec les sommités de verveine.

La verveine

Originaire du Chili, la verveine est un arbrisseau, essentiellement cultivé dans le midi de la France. On utilise ses **longues feuilles** pour préparer des infusions aux vertus apaisantes, mais aussi apéritives et digestives. Une variété, la **verveine odorante**, est plus particulièrement utilisée en cuisine : sa fine saveur citronnée s'emploie pour la préparation de **crèmes** ou de glaces, ou pour aromatiser une **salade de fruits**. Mais certains chefs n'hésitent pas à en parfumer des plats salés, particulièrement de poissons ou de crustacés, qu'elle relève agréablement, ou encore de volailles. Vous la trouverez **séchée**, notamment dans les magasins bio, ou **fraîche**, l'été, sur les marchés de Provence.

Crème de cerises au pain perdu

Il est revenu, le temps des cerises... Profitez-en pour réaliser ce dessert aussi spectaculaire que raffiné.

Délicat | Pour **4 personnes** | Préparation **20 min** | Cuisson **4 min**

Ingrédients

- 250 g de griottes dénoyautées + 12 bigarreaux
- 2 c. à s. bombées de crème fraîche épaisse
- 50 g de sucre glace
- 1 c. à c. de kirsch
- 25 cl de lait
- 2 sachets de sucre vanillé
- 2 œufs
- 50 g de sucre en poudre
- 50 g de beurre
- 4 tranches épaisses de pain brioché un peu rassis
- 4 c. à s. de crème liquide
- Quelques feuilles de menthe pour décorer
- Cannelle en poudre

1. Mixez les griottes avec la crème fraîche, le sucre glace et le kirsch. Réservez la crème obtenue au réfrigérateur.

2. Dans une assiette creuse, mélangez le lait avec le sucre vanillé. Dans une autre assiette creuse, fouettez les œufs avec le sucre. Faites chauffer le beurre dans une poêle à feu moyen.

3. Trempez rapidement les tranches de pain dans le lait, puis passez-les dans les œufs battus. Faites-les dorer dans le beurre 2 min environ de chaque côté. Coupez-les en dés, puis enfilez-les sur des brochettes.

4. Versez la crème de griottes dans 4 assiettes. Décorez de la crème liquide, des bigarreaux et de feuilles de menthe. Posez une brochette sur chaque assiette. Poudrez de cannelle et servez.

Muffins aux cerises et amandes effilées

Vous verrez briller les yeux des enfants lorsque vous leur proposerez ces savoureux muffins au goûter !

Délicat | Pour **12 muffins** | Préparation **15 min** | Cuisson **25-30 min**

Ingrédients

- 250 g de farine de blé complète
- ½ sachet de levure chimique
- 125 g de beurre ramolli
- 125 g de sucre en poudre
- 1 c. à s. de kirsch
- 3 œufs
- 500 g de cerises dénoyautées
- 4 c. à s. d'amandes effilées
- 1 pincée de sel

1. Préchauffez le four à 200 °C (th. 6/7). Déposez 2 plaques à muffins de 6 empreintes sur une grille.

2. Dans une jatte, mélangez la farine, la levure et le sel. Dans un saladier, fouettez le beurre avec le sucre et le kirsch, jusqu'à obtention d'une consistance crémeuse. Incorporez les œufs un par un, en mélangeant bien entre chacun d'eux.

3. Ajoutez le contenu de la jatte à celui du saladier, en remuant jusqu'à obtention d'une pâte homogène. Incorporez-y les cerises et les amandes, en soulevant le mélange à la spatule.

4. Répartissez la préparation dans les empreintes des plaques, en ne les remplissant qu'aux deux tiers. Enfournez pour 25 à 30 min. Servez tiède ou froid.

Tarte aux abricots et aux amandes

Absolument inratable, cette tarte feuilletée comblera les palais les plus fins. Vive la saison des abricots !

Facile | Pour **4 personnes** | Préparation **30 min** | Cuisson **30 min**

Ingrédients
- 30 g de beurre ramolli
- 25 g de sucre glace tamisé
- 1 petit œuf
- 25 g de poudre d'amandes
- 1 pâte feuilletée pur beurre préétalée
- 200 g d'abricots
- 30 g d'amandes effilées
- 20 g de sucre en poudre

1. Préchauffez le four à 160 °C (th. 5/6). Dans une jatte, mélangez le beurre avec le sucre glace, puis incorporez l'œuf et la poudre d'amandes, en remuant jusqu'à obtention d'une crème lisse.

2. Humidifiez une plaque à pâtisserie au pinceau. Déposez-y la pâte, piquez-la à la fourchette, puis étalez dessus la crème d'amandes en une couche uniforme. Réservez le tout au réfrigérateur le temps de préparer les abricots.

3. Lavez et épongez les abricots. Coupez-les en deux, dénoyautez-les, puis recoupez chaque oreillon en 2 quartiers. Disposez-les en rosace sur le fond de pâte réfrigéré, côté peau dessous. Appuyez légèrement sur la crème d'amandes.

4. Enfournez pour 30 min. Parsemez des amandes effilées et du sucre 10 min avant la fin de la cuisson. Démoulez délicatement sur une grille. Servez la tarte tout juste refroidie.

Abricots caramélisés et glace vanille

Intensément parfumés au rhum et au thym citron, ces abricots gorgés de soleil feront chavirer vos papilles.

Facile | Pour **4 personnes** | Préparation **10 min** | Cuisson **10 min**

Ingrédients

- 12 abricots
- 30 g de beurre
- 50 g de cassonade
- 5 cl de rhum ambré
- 4 c. à c. de feuilles + 8 brins de thym citron
- 4 boules de glace à la vanille

1. Lavez et épongez les abricots. Coupez-les en deux et dénoyautez-les.

2. Faites chauffer le beurre dans une poêle à feu moyen. Mettez-y les oreillons d'abricot à dorer 2 min de chaque côté.

3. Saupoudrez les oreillons de cassonade, arrosez-les de rhum, puis parsemez-les des feuilles de thym citron. Baissez le feu. Laissez caraméliser 5 à 6 min à feu doux, en retournant à mi-cuisson.

4. Disposez les oreillons sur 4 assiettes à dessert. Déglacez la poêle avec 1 c. à s. d'eau, en grattant bien le fond à la spatule. Versez sur les oreillons.

5. Décorez des brins de thym citron et ajoutez 1 boule de glace à la vanille sur chaque assiette. Servez immédiatement.

Cheese-cake à la compote d'abricots

Si les enfants raffolent du cheese-cake, les adultes ne sont pas en reste, qui s'en lècheront les doigts !

Délicat | Pour **6 personnes** | Préparation **40 min** | Cuisson **40 min** | Réfrigération **4 h**

Ingrédients

- 250 g de biscuits sablés
- 130 g de beurre
- 3 gros œufs
- 230 g de sucre en poudre
- 300 g de fromage frais coupé en dés
- 40 cl de crème liquide entière
- 4 c. à s. de farine tamisée
- 30 cl de crème pâtissière en brique
- 100 g de noix de coco râpée
- 800 g d'abricots
- 4 c. à s. de muscat
- 3 c. à s. de miel de lavande
- Sucre glace
- Quelques feuilles de menthe pour décorer

1. Mixez les biscuits avec 100 g de beurre. Tassez bien cette poudre au fond d'un moule à charnière de 26 cm de diamètre. Réservez au réfrigérateur.

2. Préchauffez le four à 180 °C (th. 6). Fouettez les œufs avec 180 g de sucre en poudre, jusqu'à ce que le mélange blanchisse. Ajoutez le fromage, la crème et la farine, en fouettant vigoureusement pour homogénéiser. Versez le tout dans le moule, puis enfournez pour 30 min. Laissez refroidir.

3. Mélangez la crème pâtissière et la noix de coco. Étalez sur le cheese-cake en une couche uniforme. Réservez 4 h au réfrigérateur.

4. Lavez et épongez les abricots. Coupez-les en deux et dénoyautez-les, puis recoupez-les en quartiers. Roulez-les dans le reste de sucre.

5. Faites chauffer le reste de beurre dans une sauteuse. Mettez-y les abricots à revenir 3 min à feu vif, puis ajoutez le muscat et baissez le feu. Laissez ainsi compoter 7 à 10 min à feu doux, en remuant régulièrement. Incorporez le miel, laissez refroidir la compote, puis réservez-la au réfrigérateur.

6. Démoulez le gâteau et poudrez-le de sucre glace au dernier moment. Servez-le accompagné de la compote et décorez de feuilles de menthe.

« Juteux et parfumé sous sa peau veloutée, l'abricot est le premier fruit de l'été. »

L'abricot

C'est le premier vrai fruit de l'été, bien avant les pêches et autres prunes, qui sont de la même famille. **Juteux** et parfumé sous sa jolie **peau veloutée**, l'abricot est un fruit de bouche, qui ne se laisse pas aisément cuisiner, car sa chair est **fragile** et ses saveurs sont capricieuses : il devient très acide dès qu'on le fait chauffer. Malgré un goût très sucré, il n'est en effet pas si riche en glucides qu'on pourrait le croire, et il figure d'ailleurs parmi les fruits les **moins caloriques** : à poids égal, il fournit 20 % de calories de moins que la pomme ! Les abricotiers donnent une production abondante, peu étalée dans le temps : cela oblige à utiliser rapidement de grandes quantités d'abricots, ce qui explique qu'il soit le deuxième fruit préféré des Français en **confiture** (après les fraises) et qu'il figure parmi les classiques des fruits secs. La variété la plus réputée est l'**abricot rouge du Roussillon**, mais la Provence en fournit aussi un délicieux contingent. Évitez les abricots d'importation, souvent fades.

Conseils pratiques

• ACHAT

Il faut soigneusement le choisir, car il ne mûrira plus une fois cueilli ; inutile, donc, d'espérer qu'il s'améliore dans son panier d'osier, sur la table du salon. Il doit se montrer ferme à point, ni dur ni mou, orangé piqueté de rouge. Ses taches « de rousseur » sont une bonne indication de sa maturité.

• CONSERVATION

Si vous avez récolté beaucoup d'abricots et que vous n'ayez guère envie d'en faire des confitures, vous pouvez très facilement les congeler : ébouillantez-les 20 s, puis séparez-les en deux avant de les dénoyauter. Congelez les oreillons à plat, puis réunissez-les dans un sac au bout de 24 h.

• PRÉPARATION

Passez-le rapidement sous l'eau courante et essuyez-le avant de le couper en deux pour le dénoyauter. Il ne faut pas consommer l'amande contenue dans le noyau, qui contient une substance toxique, voire mortelle si on l'absorbe en grande quantité.

• CUISSON

Son acidité, très grande dès qu'il a été chauffé, doit être compensée par l'adjonction de sucre – notamment de la cassonade, dont la saveur riche lui convient très bien. Pour les tartes, déposez les oreillons d'abricot sur un lit de poudre de noisettes ou d'amandes, pour absorber leur jus lors de la cuisson.

Le + nutrition

Sa couleur orangée lui vient d'une exceptionnelle richesse en bêta-carotène. Il est aussi très riche en vitamines C et du groupe B. Lisez bien les étiquettes, car il peut avoir subi des traitements : privilégiez le bio !

Pour 100 g
- **> 45 kcal**
- **> Glucides : 10 g**
- **> Bêta-carotène : 1500 µg**
- **> Vitamine C : 7 mg**

La groseille

Elles sont très **rouges**, mais parfois aussi **blanches**, fragiles et surtout très **acides** : les petites baies de la groseille, joliment réunies en **grappe**, sont l'un des plaisirs de l'été, toujours prêtes à garnir une salade de fruits, à décorer un moelleux au chocolat ou à relever une viande rôtie, pour un savoureux accord sucré-salé. Les groseilliers sont des **arbustes** rustiques, qui poussent facilement dans les jardins. On en fait notamment des haies, pour délimiter les potagers. Les groseilles blanches sont plus sucrées, elles sont assez rares en France, mais communes dans les pays anglo-saxons. Toutes les groseilles sont **riches en pectine**, ce qui en fait le fruit idéal pour la préparation de **gelées**. Il est en revanche quasiment impossible d'en faire des confitures, car il faut alors retirer les graines de chaque minuscule baie, et l'opération doit être faite manuellement, avec une aiguille… La gelée de groseilles parfume traditionnellement les sauces au vin, notamment pour servir avec les **gibiers**.

Conseils pratiques

• ACHAT

Achetez toujours la groseille en barquette, elle est trop fragile pour être vendue en vrac. Vérifiez que les baies sont bombées et brillantes, sans marques d'humidité ni de flétrissure. Regardez sous la barquette, pour vérifier l'absence de toute trace de moisissure.

• CONSERVATION

La groseille s'abîme très rapidement, sans prévenir : ne la faites pas attendre ! Ne la conservez surtout pas au réfrigérateur, elle ramollirait. Au frais et à l'abri de l'humidité, elle peut se garder quelques jours, mais il faut savoir qu'elle s'acidifie avec le temps.

• PRÉPARATION

Lavez les baies sous un filet d'eau courante, pas trop puissant pour ne pas les abîmer, puis égouttez-les soigneusement. Pour les égrapper, tenez l'extrémité de la tige entre deux doigts et tirez délicatement sur les baies avec les doigts ou avec une fourchette.

• CUISSON

On peut la faire cuire, à feu doux, notamment pour des coulis, en ajoutant du sucre pour corriger son acidité. Il est quasiment obligatoire de passer ensuite le mélange au chinois, pour bien éliminer les graines, désagréables et peu digestes.

Le + nutrition

La groseille est peu calorique, pauvre en glucides et riche en antioxydants, notamment des flavonoïdes, aux effets bénéfiques pour l'organisme. À poids égal, elle fournit à peu près autant de vitamine C que l'orange.

Pour 100 g
- **> 33 kcal**
- **> Glucides : 5 g**
- **> Potassium : 280 g**
- **> Flavonoïdes : 65 mg**
- **> Vitamine C : 40 mg**

Crumble aux groseilles et autres baies

Ce dessert de saison fait l'unanimité : les petits comme les grands s'en régalent et en redemandent !

Facile | Pour **4 personnes** | Préparation **20 min** | Cuisson **40 min**

Ingrédients

- 80 g de beurre ramolli + 20 g pour le moule
- 3 c. à s. de poudre d'amandes
- 100 g de farine tamisée
- 80 g de cassonade
- 100 g de groseilles
- 100 g de cassis
- 100 g de myrtilles
- 100 g de mûres
- 100 g de framboises

1. Préchauffez le four à 180 °C (th. 6). Beurrez un moule à gratin carré au pinceau. Saupoudrez régulièrement le fond et les parois de poudre d'amandes.

2. Dans une jatte, mélangez le beurre, la farine et la cassonade du bout des doigts, jusqu'à obtention d'une pâte grossièrement sableuse.

3. Rincez les groseilles, les cassis et les myrtilles. Équeutez-les, puis séchez-les bien dans du papier absorbant. Équeutez les mûres et les framboises. « Dépoussiérez »-les en soufflant dans leur cavité pour en éliminer les éventuelles impuretés (elles se gorgeraient d'eau si vous les laviez).

4. Répartissez les groseilles et les autres baies dans le moule. Recouvrez-les uniformément de la pâte. Enfournez pour 40 min. Servez dès la sortie du four, à l'assiette ou dans le moule de cuisson.

Mini-cakes groseilles-framboises

Au goûter, à l'heure du thé ou pour un petit déjeuner sortant de l'ordinaire, ces mini-cakes sont une merveille.

Facile | Pour **6 mini-cakes** | Préparation **15 min** | Cuisson **20-25 min**

Ingrédients

- 100 g de framboises
- 100 g de groseilles
- 150 g de beurre ramolli
- 100 g de sucre en poudre
- 2 œufs
- 225 g de farine tamisée
- ½ sachet de levure chimique
- 1 pincée de sel

1. Préchauffez le four à 210 °C (th. 7). Déposez 1 plaque à mini-cakes de 6 empreintes sur une grille. Dépoussiérez les framboises (voir p. 86). Rincez et équeutez les groseilles. Séchez-les dans du papier absorbant.

2. Dans un saladier, fouettez vigoureusement le beurre avec le sucre et le sel, jusqu'à obtention d'une consistance crémeuse. Ajoutez les œufs un par un, en mélangeant bien entre chacun d'eux.

3. Mélangez la farine et la levure. Versez en pluie dans le saladier, en remuant jusqu'à obtention d'une pâte homogène. Incorporez-y les framboises et les groseilles, en soulevant la préparation à la spatule. Répartissez dans les empreintes, en ne remplissant qu'aux deux tiers. Enfournez pour 5 min.

4. Réduisez la température du four à 150 °C (th. 5) et poursuivez la cuisson 15 à 20 min. Servez tiède ou froid.

Bavarois aux fraises marinées

Un dessert très frais, où les bavarois fleurent bon la vanille et les fraises l'orange et le curaçao...

Délicat | Pour **4 personnes** | Préparation **30 min** | Cuisson **10 min** | Réfrigération **12 h** | Marinade **1 h**

Ingrédients

- 6 feuilles de gélatine
- 30 cl de lait
- Les graines de 1 gousse de vanille
- 3 jaunes d'œufs
- 150 g de sucre en poudre + un peu pour servir
- 25 cl de crème liquide entière très froide
- 400 g de fraises
- Le zeste émincé et le jus de 1 grosse orange non traitée
- Le jus de ½ citron
- 10 cl de curaçao

1. Faites tremper les feuilles de gélatine dans de l'eau froide. Dans une casserole, mélangez le lait avec la vanille et portez à ébullition. Dans une jatte, fouettez les jaunes avec 90 g de sucre, jusqu'à ce que le mélange blanchisse. Incorporez le lait bouillant en fouettant. Remettez en casserole. Faites épaissir en remuant à feu doux jusqu'à ce que la crème nappe la cuillère. Hors du feu, incorporez la gélatine essorée en fouettant. Laissez refroidir.

2. Fouettez la crème en chantilly. Incorporez-la délicatement à la préparation précédente, puis répartissez le tout dans des moules à bavarois individuels. Réservez 12 h au réfrigérateur.

3. Rincez et équeutez les fraises. Coupez-les en morceaux, puis mélangez-les avec le sucre restant, le zeste et le jus d'orange, le jus de citron et le curaçao. Laissez-les mariner 1 h.

4. Juste avant de servir, démoulez les bavarois sur les assiettes à dessert. Surmontez et entourez de fraises, puis poudrez d'un peu de sucre.

Tarte aux fraises et au chocolat

Les fraises parfumées se nichent dans une crème onctueuse supportée par une pâte sablée au cacao... Un délice !

Délicat | Pour **6 personnes** | Préparation **40 min** | Repos **2 h** | Cuisson **20 min**

Ingrédients

- 200 g de farine tamisée
  + un peu pour le plan de travail
- 1 c. à s. de cacao en poudre non sucré
- 60 g de sucre en poudre
- 100 g de beurre froid coupé en dés
  + 25 g de beurre ramolli pour le moule
- 2 jaunes d'œufs
- 20 cl de crème liquide entière très froide
- 2 c. à s. de sucre glace tamisé
- 40 cl de crème pâtissière vanillée en brique
- 500 g de fraises
- 1 pincée de sel

1. Mélangez la farine, le cacao, le sucre, le beurre et le sel en pétrissant du bout des doigts jusqu'à obtenir une pâte grossièrement sableuse. Creusez un puits au centre. Mettez-y les jaunes et 2 c. à s. d'eau. Mélangez bien, puis rassemblez en boule. Enveloppez de film alimentaire et laissez reposer 2 h au réfrigérateur.

2. Préchauffez le four à 180 °C (th. 6). Étalez la pâte sur le plan de travail fariné. Garnissez-en un moule à tarte beurré. Couvrez de papier sulfurisé et lestez de légumes secs. Enfournez pour 20 min. Délestez le fond de pâte et laissez-le refroidir.

3. Fouettez la crème liquide en chantilly bien ferme avec le sucre glace. Incorporez-la délicatement à la crème pâtissière. Répartissez sur le fond de pâte.

4. Rincez les fraises. Équeutez-les et coupez-les en deux. Répartissez-les bien sur la crème, en les y enfonçant légèrement à l'oblique. Servez froid.

Charlotte aux fraises

Dessert de fête par excellence, la délicate charlotte aux fraises obtient toujours un franc succès !

Délicat | Pour **6 personnes** | Préparation **35 min** | Réfrigération **4 h**

Ingrédients

– 500 g de fraises + quelques-unes pour décorer
– 2 c. à s. de liqueur de fraise
– 20 biscuits roses de Reims
– 12 cl de crème liquide entière très froide
– 300 g de mascarpone
– 80 g de sucre en poudre

1. Rincez et équeutez les fraises. Coupez-en 100 g en deux et réservez-les. Passez le reste au mixeur avec la liqueur, jusqu'à obtention d'un coulis. Réservez 10 cl de ce dernier.

2. Trempez les biscuits roses dans le coulis, côté non sucré, de façon à bien les en imbiber. Tapissez le fond et la paroi d'un moule à charlotte avec les biscuits, côté sucré contre le moule.

3. Dans une jatte, fouettez la crème en chantilly. Dans un saladier, fouettez le mascarpone avec le sucre et le coulis réservé jusqu'à obtention d'une consistance homogène. Incorporez-y la chantilly et les fraises réservées, en soulevant à la spatule.

4. Transférez la moitié du mélange dans le moule. Couvrez de biscuits, puis du reste du mélange. Lissez avec le dos d'une cuillère, en tassant un peu. Couvrez de film alimentaire et réservez 4 h au réfrigérateur. Démoulez, décorez de quelques fraises et servez.

La fraise

C'est la star des beaux jours, le fruit qu'on attendait pour enfin se sentir en été : en juin, la fraise envahit les étals, proposant ses variétés aux saveurs différentes… La délicate **gariguette** est disponible depuis un bon mois déjà, mais lui succèdent maintenant la **ciflorette**, aux saveurs plus sucrées, et surtout la merveilleuse **mara des bois** : issue d'un croisement entre la fraise et la fraise des bois, elle exhale ce doux parfum reconnaissable entre tous, pour d'incomparables petites tartelettes aux fraises définitivement régressives… La taille et la forme n'influent pas sur la saveur de la fraise, mais évitez les très grosses fraises d'Espagne, le plus souvent rouge clair : elles sont gorgées d'eau et peuvent même se révéler creuses. De même que certains légumes sont des fruits, la fraise… n'en est pas un ! En effet, les véritables fruits sont constitués par les « **graines** » jaunes que l'on distingue à la surface. Elle est suffisamment riche en **pectine** pour permettre la préparation de **confitures** avec du simple sucre cristallisé – sauf quand elle est très mûre.

Conseils pratiques

• ACHAT

On trouve encore certaines fraises en vrac, mais préférez-leur les fraises en barquette, mieux protégées, même si cela implique de ne pas pouvoir les choisir une à une. Elles doivent être bien rouges, sans taches brunes. Le pédoncule doit être très vert, bien attaché au fruit.

• CONSERVATION

La fraise ne supporte pas la chaleur et encore moins le soleil (pensez qu'elle croît à l'ombre de ses feuilles). Mais ne la conservez pas au réfrigérateur : elle perdrait beaucoup de sa saveur. L'idéal est donc de la consommer le jour même… et d'en acheter de nouveau le lendemain !

• PRÉPARATION

Lavez les fraises sous l'eau courante, pour les débarrasser de la terre éventuelle et de la poussière, mais ne les équeutez qu'après, pour éviter qu'elles ne se gorgent d'eau. Pour une salade de fruits ou une confiture, laissez-les macérer avec le sucre ou les autres ingrédients pendant quelques heures : elles se confiront toutes seules.

• CUISSON

Ce n'est pas cuite que la fraise est le plus savoureuse, mais toutes les recettes sucrées lui conviennent. Ne la brusquez pas, néanmoins, et menez la cuisson à feu doux : brûlée, elle devient amère.

Le + nutrition

Peu sucrée et peu calorique, la fraise peut être mangée à volonté… à condition de ne pas la noyer sous le sucre ! 100 g de fraises apportent la quantité journalière idéale de vitamine C.

Pour 100 g
> 38 kcal
> Glucides : 7 g
> Vitamine C : 60 mg
> Fibres : 2 g

Millefeuilles framboises-chantilly

Pâte feuilletée croustillante, chantilly vanillée et framboises fondantes... Un amour de dessert !

Délicat | Pour **6 personnes** | Préparation **35 min** | Cuisson **15 min**

Ingrédients

- Un peu de farine pour le plan de travail
- 400 g de pâte feuilletée
- 2 jaunes d'œufs
- 250 g de framboises
- 50 cl de crème liquide entière très froide
- 4 sachets de sucre vanillé
- Sucre glace

1. Préchauffez le four à 210 °C (th. 7). Sur le plan de travail légèrement fariné, étalez la pâte feuilletée au rouleau sur 2 mm d'épaisseur. Découpez-la en 18 rectangles de 12 x 6 cm.

2. Déposez les rectangles de pâte sur une plaque à pâtisserie couverte de papier sulfurisé. Battez les jaunes d'œufs avec 2 c. à s. d'eau. Dorez les rectangles de pâte au pinceau avec ce mélange. Couvrez de papier sulfurisé puis d'une autre plaque, pour éviter que la pâte ne gonfle. Enfournez pour 15 min. Retirez du four et laissez refroidir. (Selon la dimension de votre four, procédez au besoin en deux fournées.)

3. Dépoussiérez les framboises (voir p. 86). Réservez-en 24 pour garnir. Dans un saladier, fouettez la crème liquide en chantilly ferme avec le sucre vanillé.

4. À l'aide d'une poche à douille, répartissez la moitié de la chantilly sur 6 rectangles de pâte. Disposez-y la moitié des framboises, puis couvrez de 6 autres rectangles de pâte, du reste de chantilly et de framboises. Couvrez l'ensemble des derniers rectangles de pâte.

5. Décorez chaque millefeuille de 4 des framboises réservées et poudrez le tout de sucre glace. Servez immédiatement.

« La framboise est sans doute le fruit le plus fragile. Achetez-la toujours en barquette de petite quantité. »

Tarte au chocolat et aux framboises

Entre le chocolat et les framboises, l'idylle est patente ! Cette tarte vous en donne une preuve délectable.

Facile | Pour **8 personnes** | Préparation **30 min** | Cuisson **15 min**

Ingrédients

- 1 pâte sablée préétalée
- 1 blanc d'œuf
- 30 cl de crème fraîche épaisse + 8 c. à s. de crème fouettée pour servir
- 150 g de chocolat noir à 70 % de cacao grossièrement concassé
- 400 g de framboises
- Sucre glace

1. Préchauffez le four à 200 °C (th. 6/7). Garnissez un moule à tarte de 28 cm de diamètre avec la pâte (conservez le papier sulfurisé). Enfournez à blanc pour 10 min. Retirez le fond de pâte du four, puis badigeonnez-le au pinceau avec le blanc d'œuf. Enfournez de nouveau pour 5 min, puis laissez bien refroidir.

2. Faites chauffer la crème à feu moyen. Retirez du feu juste avant l'ébullition et ajoutez le chocolat, en remuant jusqu'à obtention d'une crème bien lisse. Laissez tiédir en remuant de temps en temps. Versez sur le fond de pâte et laissez complètement refroidir.

3. Démoulez la tarte en ôtant le papier sulfurisé. Dépoussiérez les framboises (voir p. 86). Disposez-les régulièrement sur la crème au chocolat, puis poudrez-les de sucre glace.

4. Coupez la tarte en 8 parts. Servez à l'assiette, en accompagnant chaque part de 1 c. à s. de crème fouettée.

A à Z du mois de Juin

Les folios marqués d'une * renvoient aux encadrés produits ou aux pages Marché de Juin.